말씀으로
쓰기치유

※책에 인용된 모든 성경 구절은 개역개정성경을 인용한 것입니다.

말씀으로
쓰기 치유

오경숙 · 조병민 지음

국민북스

/ 추천사 /

    시편에는 적지 않은 원망과 한탄의 시가 있습니다. 원망과 한탄을 시로 써서 표현한 것입니다. 그런 시편을 읽으며 우리는 공감을 느끼고 치유를 받습니다. 글쓰기는 치유의 선물로 하나님이 주신 자기표현의 방법입니다. 이런 글쓰기로 치유를 경험하는 사람들이 많아지고 있습니다. 감사하고 기쁘고, 축복된 일입니다.
    이 귀한 영성의 길을 열어주신 오경숙 목사님과 조병민 목사님에게 감사를 드립니다. 이『말씀으로 쓰기치유』를 통해 영적 치유의 새 아침이 활짝 밝아오기를 기도합니다.

이동원 목사 (필그림 하우스 섬김이·지구촌교회 원로)

    나는 학생들에게 오경숙 박사님의 저서인『쓰기치유』를 강의 참고 도서로 소개하면서 "쓰기 치유의 탁월한 교재인 이 책에는 '시 치료(poetry therapy)'를 위한 불후의 시들로 가득하다"고 말했습니다. 이제 그 후편이라고 할 수 있는『말씀으로 쓰기치유』의 출간을 크게 기뻐하며 독자들에게 적극 추천합니다. 책을 읽으면서 '말씀 치료'와 '시 치료'의 탁월한 균형(vital balance)을 통한 치유 효과를 기대하게 되었습니다.

'말씀 치료'는 한국교회 전통에서 신유(神癒·divine healing)로 잘 알려져 있습니다. 복음서에서 말씀 치유, 즉 신유는 본래 예수님의 사역으로 기록되어 있습니다. (마 4:23, 9:35 참조) 베드로 사도는 베드로전서 2장 24절에서 이사야서 53장 5절 말씀인 "그가 채찍에 맞으므로 우리는 나음을 받았도다"를 인용합니다. 이 같은 말씀에 기초해 나는 평생 충실하게 신유 사역을 펼쳤으며 상담학을 '신유의 도구(means of Divine healing)'로 가르쳐 왔습니다. 나는 저자의 이 책이 한국 교회에서 유용한 신유의 도구로 사용되어지기를 기도합니다.

쓰기 치유, 특별히 시 치료의 탁월성은 이미 '문학과 치료'에 관한 방대한 연구에서 강조되어왔습니다. 아리스토텔레스는 '시학(poetics)'에서 감정치료를 위한 카타르시스의 역할을 논하며 통찰과 진리를 깨닫는데 시의 가치를 언급했습니다. 현대에서도 시 치료에 대한 관심은 꾸준히 증가해 미국에서 1969년에 '시치료협회(APT)'가 설립되었고, 1981년에 '미국시치료학회(NAPT)'로 발전되었습니다.

오경숙 박사님은 전작인 『쓰기치유』를 통해 시 치료와 관련해 의미 있는 기여를 하셨으며, 이번에 『말씀으로 쓰기치유』를 출간함으로써 국내의 시 치료와 말씀 치료를 한 차원 높이셨습니다. 수많은 상처 받은 영혼들이 이 책을 읽음으로 영육 간에 살아나게 되기를 소망하며 기쁘게 추천합니다.

김종환 박사 (서울신대 상담대학원 명예교수)

/ 서문 /

성경말씀으로 쓰기치유

　지난 15년 동안 꾸준히 '쓰기치유'를 통한 회복 사역을 펼치며 수많은 사람들의 치유와 변화의 과정을 지켜봐왔습니다. 결과는 놀라웠습니다. 자신들이 경험한 상처와 트라우마가 너무나 커서, 도저히 치유를 기대하기가 어려울 것 같았던 사람들도 쓰기치유를 지속하며 변화되는 것을 경험했습니다. 특히 오랜 시간 동안 용서하지 못해 원한과 억울함 속에 살아왔던 사람들도 쓰고, 또 쓰면서 마침내 용서를 하며 마음속에 자유를 얻는 모습을 보는 것은 너무나도 감격스러운 경험이었습니다. 또한 심한 억눌림으로 깊은 우울과 불안에 빠져 있던 사람들도 꾸준히 쓰면서 자신의 목소리를 찾게 되고 자존감을 회복하는 것도 지켜보았습니다. 우리 크리스천들에게 한 영혼이 소생하고, 회복되는 일에 참여하는 것 보다 더 보람 있는 일은 없다고 느껴졌습니다. 참으로 가슴 벅찬 감사의 과정이었습니다.

　특히 성경 말씀으로 쓰기치유를 하면서 더욱 더 치유의 효과를 거둘 수 있었습니다. 자신을 위로하거나 격려할 힘이 아주 미약한 사람들도, 내면의 아픔과 상처를 마음껏 쓴 후에 위로가 되는 말씀을 다시 씀으로써 커다란 치유를 맛보게 되었습니다. 또한 상처받은 '내면 아이'를 위한 쓰기치유 과정에서도 아픈 마음을 마음껏 쓴 다음에 말씀으로 스스로를 위로할 때 더욱 강한 치유의 힘이 발휘되었습니다. 확실히 말씀은 살아 있고, 운동력이 있었습니다. 말씀이 들어가는 곳 마다, 말씀을 내 것으로 받아들이는 곳 마다, 살려지는 역사가 일어났습니다.

"하나님의 말씀은 살아 있고 활력이 있어 좌우에 날선 어떤 검보다도 예리하여 혼과 영과 및 관절과 골수를 찔러 쪼개기까지 하며 또 마음의 생각과 뜻을 판단하나니" (히 4:12)

이 말씀 구절을 쓰는 우리들의 가슴에 감동과 힐링이 느껴졌습니다. 말씀이 함께 하기 때문이었습니다. 우리 안에 비록 위로나 격려가 부족하다 할지라도 말씀 안에서 캐낸 위로와 격려는 참으로 큰 열매를 맺을 수 있음을 경험했습니다. 이 책도 지난번에 펴낸『쓰기치유』처럼 특별한 인도자가 없어도 서로 같이 쓰며 공감하고 나눌 수 있도록 집필되었습니다.

이 책을 위해 기쁜 마음으로 추천사를 써주신 이동원 목사님, 김종환 박사님께 깊은 감사를 드립니다. 또한 기도로 도와주신 여러 제자님들, 교회 회복 사역팀원들, 가족들께 감사를 드립니다. 무엇보다 우리 주님께 감사와 영광을 돌립니다.

2019년 2월

찬란한 봄을 기다리며

오경숙 • 조병민

추천사

서문

Part 1
깊은 우울감에서 탈출하기

깊은 우울감에서 탈출하기 • 12
쓰고 또 쓰라 • 16
낮은 자존감과 우울증 • 28
우울증과 성숙 • 39
마음에 있는 슬픔과 눈물을 쏟아 놓으라 • 47
자신에게 관대하게 하라 • 55
쓰면서 대화하라 • 65
감사, 감사는 최고의 치료사 • 72
자신을 말씀에 빠뜨리기 • 85

Part 2

불안으로부터 회복을 위한 쓰기

불안으로부터 회복을 위한 쓰기 • 96
불안과 회피 • 99
내 안에 있는 불안을 인정하고 그 원인을 알아보기 • 105
잘못된 생각과 신념들을 건강한 생각으로 바꾸기 • 109
더 큰 사랑으로 두려움 물리치기 • 114
영적인 자원들을 사용하라 • 121
두려움에 대한 우리들의 이야기를 쓰고 나누기 • 130

Part 3

분노의 이해와 치유

분노의 이해와 치유 • 132
거절과 상처 • 137
수동적 공격과 분노의 표출 • 140
분노의 적절한 표현 • 144
고백과 분노-건강한 대면 • 148
내 안에 학대받은 아이가 있음을 인정하기 • 154
분노의 전이감정을 이해하고 과거를 다시 구성하기 • 157
분노와 연결되는 불합리한 생각에 도전하라 • 162
마음에 있는 원통함을 흘려보내고 위로하기 • 167

Part 4

용서하라 - 용서는 치유의 꽃

용서는 치유력을 발휘한다 • 176

용서의 대가는 크고 그 열매는 아름답다 • 182

용서는 우리를 자유롭게 한다 • 187

용서에는 시간과 위탁이 필요하다 • 193

Part 5

기쁨, 기쁨으로 쓰기

기쁨, 기쁨으로 쓰기 • 200

기쁨은 은혜이다 • 205

기쁨은 하나님과의 교제 안에서 풍성해진다 • 211

기쁨은 하나님 나라를 누리는 삶의 양식이다 • 216

Part
1

깊은
우울감에서
탈출하기

깊은 우울감에서 탈출하기

'우울증'은 어느 특정한 사람에게만 찾아오는 것이 아니다. 사람들은 흔히 우울증을 그저 '침울하고 불쾌한 어떤 것' 정도로 생각하기 쉽다. 그러나 삶에서 정신적 불구가 된 사람과 같이 우울증은 한 사람의 '정서적인 기능을 거의 발휘할 수 없도록' 만들어 버리기도 한다. 또한 깊은 우울감 밑에는 강한 자기비난과 분노가 자리 잡고 있다. 우울증에 걸린 사람에게 '자책과 분노'는 우울증을 더욱 자라게 하는 음식과 같다. 우울증 치료가 어렵고 힘든 일반적 이유는 우울증 환자 내면에 깃든 만성적인 자기 비난과 억눌려진 분노 때문이다. 이런 심한 우울증 환자에게 치유의 희망은 없는 것일까? 있다. 말씀에 희망이 있다. 아무리 우울증에 걸렸어도 말씀을 가까이 하는 사람들에게는 치유될 희망이 있다.

하나님께서는 말씀을 통해 우리에게 **'진정한 자유와 소망'**은 물론 죄책감과 수치심을 이길 수 있는 길을 열어 주셨다. 무엇보다 그 어떤 죄도 사함 받을 수 있는 길도 주셨다. 때때로 우리는 주님으로부터 이미 용서 받은 죄를 다시 짊어지고 고민하며, 스스로를 비난하고 자책할 때가 있다. 이제 그런 삶의 태도에서 벗어날 수 있다. 주님이 십자가에 달리심으로 우리를 자유케 하셨다. 그러므로 스스로 시간을 허비하며 **'자신을 괴롭히는 생각이나 행위'**를 버리고 자책감에서 해방되어 우리를 사랑하시며 수많은 복을 예비해 주신 하나님과 더불어 소망 가득한 앞날을 맞이할 수 있다.

깊은 우울감은 자신도 모르게 스스로를 자책하고 비난하며 괴롭히는 '내면의 괴물'과 같다. 우울감에 사로잡히면 평소에는 그냥 넘어갈 수 있거나 혹은 잘 할 수 있는 일상적인 일들까지도 힘들고 비관적으로까지 느껴진다. 각인각색이라고 사람들이 느끼는 우울감의 상태는 참으로 다양하다. 어떤 경우에도 말씀은 우울감을 이길 힘을 준다. 의기소침, 외로움, 낙심의 상태가 오래 지속되어 영혼의 어둔 밤을 지날 때에 시편을 펼쳐 보라. 시편의 주 저자인 다윗은 상당한 시간 동안 깊은 우울증을 지닌 채 어두움에 바싹 엎드려 있었다. 시편에는 그런 다윗의 슬프고 처절한 내용이 담겨 있다. 그러면서 전능자의 그늘 속에서 참된 위로를 얻는 주옥같은 내용들이 있다. 시편을 여러 번 읽고, 쓰는 작업은 우울감에 빠져든 사람들에게 큰 도움이 된다.

자, 시편 기자가 쓴 이 시를 직접 쓰고 여러 번 읽어보자.

여호와여, 내 기도를 들으시고, 나의 부르짖음을
주께 상달하게 하소서.
나의 괴로운 날에 주의 얼굴을 내게서 숨기지 마소서.
주의 귀를 내게 기울이사

내가 부르짖는 날에 속히 내게 응답하소서.
내 날은 연기같이 소멸하며
내 뼈가 숯 같이 탔음이니이다. (시 102:1~3)

내가 음식 먹기도 잊었으므로 내 마음이
풀 같이 시들고 말라 버렸사오며
나의 탄식 소리로 말미암아 나의 살이
뼈에 붙었나이다. 나는 광야의 올빼미 같고
황폐한 곳의 부엉이 같이 되었사오며
내가 밤을 새우니 지붕 위의
외로운 참새 같으니이다. (시 102:4~7)

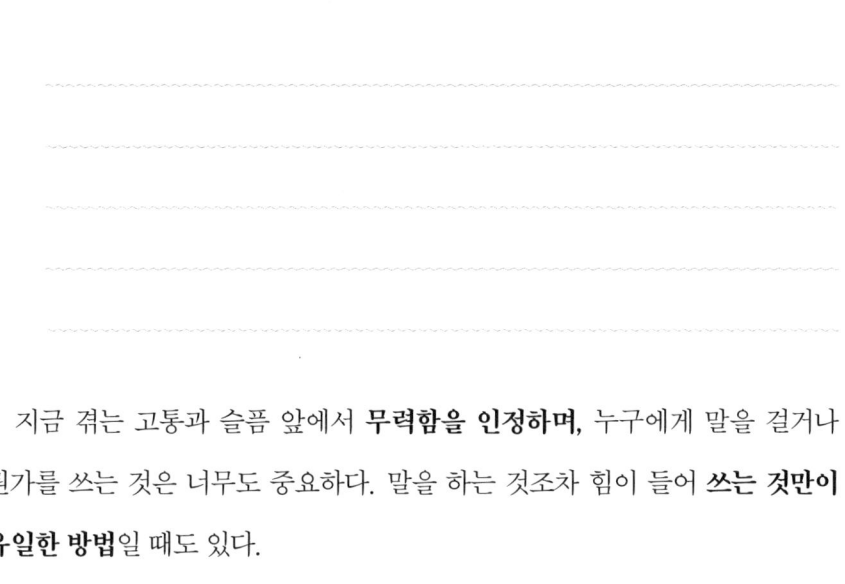

지금 겪는 고통과 슬픔 앞에서 **무력함을 인정하며,** 누구에게 말을 걸거나 뭔가를 쓰는 것은 너무도 중요하다. 말을 하는 것조차 힘이 들어 **쓰는 것만이 유일한 방법**일 때도 있다.

셰익스피어는 '맥베스'에서 이렇게 표현했다.

'슬픔에게 말할 수 있도록 하여라.

말하지 않는 슬픔은 심장을 너무 힘들게 해

그것을 터지도록 하는구나.'

쓰고 또 쓰라

그렇다.

쓰고, 또 써야 한다

슬픔이 심장을 터지게 하는 순간에는 더욱 더 써야 한다. 자신에게 일어나는 모든 일이 슬픔과 우울로 덮여 있는 것처럼 느껴져 너무나 고통스러울 때엔, 속히 그 '감정의 블랙홀'에서 탈출해야 한다. 가만히 있으면 안 된다. 바로 지금, 무언가를 해야 한다. 그런 감정 상태일 때, 먼저 이 기도문을 읽어보자.

'하나님, 저는 아무 일도 하고 싶지 않아요. 제발 이 **무력감**에서 나가고 싶습니다. **어두운 생각, 무거운 마음, 무의미한 시간**들을 박차고 나가 예전처럼 즐거운 나날을 보내고 싶어요. 부디 저를 도와주시고 이끌어 주십시오. 믿음으로 이 기도문을 씁니다.'

명심하시라. 스스로를 드러내기 싫고 아무런 삶의 의욕이 없을 때, 더 슬프고 우울하며 의기소침하고 **자주 화가 날 때,** 아무런 하고 싶은 일도 없고 집중

력이 떨어져 불안한 마음으로 그저 시간만 보낼 때, 그때야말로 눈을 들어 읽고, 써야 할 시간이라는 사실을.

먼저 시편 139편 1~6절 말씀을 기도하는 마음으로 써보자.

여호와여 주께서 나를 살펴 보셨으므로 나를 아시나이다.
주께서 내가 앉고 일어섬을 **아시고**

멀리서도 나의 생각을 밝히 아시오며
나의 모든 길과 내가 눕는 것을 살펴보셨으므로
나의 모든 행위를 익히 아시오니

여호와여 내 혀의 말을 알지 못하시는 것이
하나도 없으시니이다.

주께서 나의 앞뒤를 둘러싸시고
내게 안수하셨나이다.

이 지식이 내게 너무 기이하니
높아서 내가 능히 미치지 못하나이다.

    주님은 우리의 모든 것을 다 알고 계시니 어떤 상황도 숨기거나 포장할 필요가 없다. 내 **자신에 대해** 숨기거나 포장 할 것도, 비하시키는 것도 없이 그저 이야기 하듯 쓰면 된다. **시편의 다윗처럼 구구절절 슬픔과 상실감, 비통과 원망감, 쓴 뿌리와 원한**을 솔직하게 쓰면 된다. 지금 시편 142편에서 원통하고 상한 심령으로 자신이 비천하다고 부르짖는 다윗을 상상하며 써 보자.

내가 소리 내어 여호와께 부르짖으며 소리 내어
여호와께 간구하는도다.

내가 내 원통함을 그의 앞에 토로하며
내 우환을 그의 앞에 진술하는도다.
내 영이 내 속에서 상할 때에도 주께서 내 길을 아셨나이다.
내가 가는 길에 그들이 나를 잡으려고 올무를 숨겼나이다

오른쪽을 살펴보소서. 나를 아는 이도 없고 나의 피난처도
없고 내 영혼을 돌보는 이도 없나이다.
여호와여 내가 주께 부르짖어 말하기를 주는 나의 피난처시오
살아 있는 사람들의 땅에서 나의 분깃이시라 하였나이다.
나의 **부르짖음을 들으소서.** 나는 심히 비천하나이다.
나를 핍박하는 자들에게서 나를 건지소서.
그들은 나보다 강하나이다. **내 영혼을 옥에서 이끌어 내사**
주의 이름을 감사하게 하소서.
주께서 나에게 갚아 주시리니 의인들이 나를 두르리이다.

우울증과 깊은 불안이 동시에 겹쳐 괴로울 때에도 말씀을 써내려감으로써 이를 극복할 수 있다. **나를 위로하거나 격려하는 생각과 성경 말씀을 쓰는 것** 자체로도 실제 위로를 받는 것이 가능하다. 또한 **자신의 아픈 마음을 드러내고 공감하는 글을 스스로에게 쓰는 일**은 그 상황에서 해방될 수 있는 가장 유효한 방법 가운데 하나이다. 특히 성경 말씀을 쓰고 읽는 것은 만군의 주 하나님께 나의 사정을 고백하고, 그분의 위로를 받는 것이기에 더욱 효과가 있다. 말씀에 깊이 몰입해 그 말씀 구절을 여러 번 쓰다보면 나도 모르게 힘과 확신이 생긴다. 또한 긍정적인 방향으로 사고를 하고 **객관적으로 사물을 바라보게 된다.** 말씀에는 그런 확실한 치유력이 있는 것이다. 시편 42편 5~11절 말씀의 일부를 써보자.

내 영혼아 네가 어찌 낙심하며
어찌하여 내 속에서 불안해 하는가.
너는 하나님께 소망을 두라.
그가 나타나 도우심으로 말미암아
내가 여전히 찬송하리로다.

~~~~~~

낮에는 여호와께서 그의 인자하심을 베푸시고
밤에는 그의 찬송이 내게 있어 생명의 하나님께 기도하리로다.

~~~~~~

내 대적이 나를 비방하여 늘 내게 말하기를
네 하나님이 어디 있느냐 하도다.
내 영혼아 네가 어찌하여 낙심하며
어찌하여 내 속에서 불안해 하는가.

너는 하나님께 소망을 두라.
나는 그가 나타나 도우심으로 말미암아
내 하나님을 여전히 찬송하리로다.

위 구절에서 보이듯, 다윗은 자신의 **고통과 아픔을 고백하고** 토설한 이후 어김없이 하나님을 바라며 찬양한다. 누군가에게 쓰고 말하는 것으로 치유는 시작된다. 그 대상은 나를 이해하며 지지해주고 수용해 줄 수 있는 사람일수록 더욱 좋다. 다윗은 자신의 **처절하고 극심한 고통을 드러내고 고백할 줄 알았다. 또한 그는 그 괴로움 속에서도 노래했다. 기쁠 때는 춤으로도 표현했다.** 심한 고통과 아픔을 부르짖고 호소하면서도 마지막에는 하나님을 의지하고 찬양하며 그의 변함없는 믿음을 표현했다.

시편 18편 2~6절에서 다윗은 적절한 은유와 실감나는 표현으로 고통 속에 있는 자신의 감정을 드러낸다. 여기서도 그는 온전히 **하나님을 부르고, 생각하**

며, 의뢰하고, 찬양하며, 부르짖고 있다.

> 여호와는 나의 반석이시요 나의 요새시요
> 나를 건지시는 이시요 나의 하나님이시요
> 내가 그 안에 피할 나의 바위시요 나의 방패시요
> 나의 구원의 뿔이시요 나의 산성이시로다.
> 내가 찬송 받으실 여호와께 아뢰리니
> 내 원수들에게서 구원을 얻으리로다.

> 사망의 줄이 나를 얽고 불의의 창수가 나를
> 두렵게 하였으며 스올의 줄이 나를 두르고
> 사망의 올무가 내게 이르렀도다. 내가 환난
> 중에서 여호와께 아뢰며 나의 하나님께 부르짖었더니
> 그가 그의 성전에서 내 소리를 들으심이여

그의 앞에서 나의 부르짖음이 그의 귀에 들렸도다.

성경의 저자들도 때로는 자신들이 겪는 낙심과 우울, 절망감에 대해 쓰고 있다. 그러나 그것을 그치는 것이 아니라 동시에 또 다른 많은 구절들을 통해 어떤 경우에도 **낙심하지 말고 하나님만 의지 할 것**을 다짐하는 내용을 기록했다. 더 나아가 우리를 도우시며 인도하시는 그분을 바라볼 때, 참된 위로와 소망을 얻을 수 있음을 확실하게 알려주고 있다.

주님이 우리를 도우시며 무엇인가 해 주실 수 있는 분임을 **진심으로 알고, 그분과 교제를 시작할 때부터** 우리 뇌는 이전과 다르게 작동한다. 내가 사랑하는 분과의 깊은 교제는 우리의 감정뇌를 최상의 상태로 변화시킨다. 그것은 전두엽까지 연결되어 기쁨, 감사, 수용 등의 감정을 갖게 함으로써 우리의 행동과 삶의 방식을 달라지게 만든다.[1]

다음 구절들을 생생하게 느끼며 써보는 시간을 갖자.

그러므로 우리가 이 직분을 받아
긍휼하심을 입은 대로 **낙심하지 아니하고** (고후 4:1)

그러므로 너희에게 구하노니 너희를 위한 나의 여러 환난에 대하여
낙심하지 말라. 이는 너희의 영광이니라. (엡 3:13)

너희가 피곤하여 낙심하지 않기 위하여 죄인들이 이같이 자기에게
거역한 일을 **참으신 이를 생각하라.** (히 12:3)

그리고 한 단계 올라가 더욱 **소망과 힘을 얻을 수 있는 말씀**이 있다.
시편과 로마서의 말씀을 쓰고 여러 번 묵상하자.

하나님이 이르시되 **그가 나를 사랑한즉** 내가 그를 건지리라.
그가 **내 이름을 안즉** 내가 그를 높이리라.

그가 내게 간구하리니 내가 그에게 응답하리라.

그들이 환난 당할 때에 내가 그와 함께 하여

그를 건지고 영화롭게 하리라.

내가 그를 장수하게 함으로 그를 만족하게 하며

나의 구원을 그에게 보이리라 하시도다. (시 91:14~16)

소망의 하나님이 모든 기쁨과 평강을

믿음 안에서 **너희에게 충만하게 하사**

성령의 능력으로 소망이 넘치게 하시기를 원하노라. (롬 15:13)

나누기

1. 위의 말씀 중에 내 마음에 가장 의미 있게 다가온 말씀을 나누어 봅시다.

2. 그 이유는 무엇입니까?

3. 쓰고 읽으면서 내 몸과 마음에 느껴지는 것은 무엇입니까?

   (변화가 있었다면 그것을 나누어 봅시다.)

4. 나에게 주시는 새로운 깨달음이 있다면 그것은 무엇입니까?

   (버려야 할 것들과 새롭게 가져야 할 것들을 자신의 말로 써 봅시다.)

5. 변화와 성장을 위해, 계속 쓰고 묵상하고 싶은 말씀을 나누어 봅시다.

낮은 자존감과 우울증

우리 안에 상처와 아픔이 있을 때 흔히 사람들은 **자기비하의 시선으로 자기를 느끼고 바라본다.** 스스로 지나치게 자신을 평가절하하며 심적 어려움을 겪는다. 또한 부정적인 시각으로 대부분의 것을 바라보기에, 왜곡된 것들을 실체처럼 받아들이고 느끼는 것이다. 심지어 이유도 모르는 **피해의식과 내면의 불평과 분노가 자리 잡게 되어, 더욱 자신은 괴로움의 덫에 걸리게 된다.** 낮은 자존감의 이런 증상들은 또한 다음과 같은 삶의 방식을 만들어 낼 수 있다.

- 작은 실수나 잘못에도 자신을 심하게 비난한다.
- 친하거나 믿어주는 사람이 별로 없고, 누구에게나 흠집을 찾아내려 한다.
- 속으로는 다른 사람을 조롱하며 자신의 수준으로 끌어 내리려 한다.
- 과거에 일어난 자신의 실패를 보상하기 위해 완벽주의자가 된다.
- 겉으로는 다 포기한 것처럼 보여도 공허한 마음 때문에 자존심을 내세운다.
- 자신의 부도덕하고 좋지 않은 행동들을 정당화하기 위해 다른 사람의 지지를 얻으려 한다.

좋은 인간관계와 적당한 사랑의 행동은 자기를 비하시키지 않고 자신의 가치를 알며 자신이 사랑하는 사람들과 잘 지내게 한다. 그러나 낮은 자존감의 사람들은 자신을 수용하지 못하고, 비교와 질시로 인한 부적절한 감정들 속에 있기 때문에, 그 내면은 늘 불편하거나 불안하며, 우울하여 기쁨이 없다. 그러므로 **낮은 자존감으로부터 오는 깊은 우울을 벗어나기 위해서는** 먼저 **자신의 정체성**을 바로 알고 이를 수정해야만 한다.

성경에서는 우리 모두가 **하나님의 형상대로 지음을 받았고** (창 1:26~27) **하나님께서 보시기에 소중한 존재라고** 말씀하신다. 물론 죄의 성품과 불완전함을 가지고 태어났지만 하나님의 사랑과 예수 그리스도의 십자가로 말미암아 우리는 믿음으로 그분의 자녀가 되었다. 성경적인 시각으로 나를 바로 볼 수 있는 안목을 갖는 것이 중요하다.

'사람은 누구나 고귀하고 소중한 존재이다. 어린 시절에 사랑이 부족한 부모나 환경 안에서 자랐기 때문에 나를 비난하고, 비하시키는 습성이 있다 할지라도, 지금부터라도 내 모습을 바로 보고 알아야 한다. 눈을 바로 떠야 한다. 내가 얼마나 **귀중한 존재라는 것을 확실히 알고 경험하는 것은, 우리에게 상당히 많은 변화를 가져다 줄 수 있다.**' [2]

위 글은 필자가 다른 책에서 쓴 글이다. 다음의 말씀을 쓰고 묵상해 보자.

우리는 그가 만드신 바라. 그리스도 예수 안에서 선한 일을 위하여 지으심을 받은 자니 이 일은 하나님이 전에 예비하사 우리로 그 가운데서 행하게 하려 하심이니라. (엡 2:10)

그런즉 누구든지 그리스도 안에 있으면 새로운 피조물이라. 이전 것은 지나갔으니 보라 새것이 되었도다. (고후 5:17)

우리가 확실하게 주님 안에 있다면, 우리는 **새로운 존재가 된 것**이다. 이는 성경이 확실하게 말하는 우리의 정체성이다. 우리는 그리스도 안에 있는 순간 그분의 자녀, 상속자, 친구가 되었으며 이미 새로운 삶을 경험하며 누리게 되는 것이다. 이 놀랍고 새로운 진실을 우리의 것으로 취할 때, 우리는 과거의 사슬로부터 벗어 날 수 있다. 낡은 과거의 테이프를 듣고 괴로워하며, 그로 인해 내면에 쌓아둔 열등감과 포장, 방어기제들을 이제는 버릴 때가 된 것이다. 과거의 상처에서 나온 비합리적인 사고를 버리고, **과거의 상처들이 주는 거짓 언어**를 타파하고, **새로운 말씀과 진리**를 다시 입력해야 하는 것이다.

하나님이 우리에게 주신 것은 두려워하는 마음이 아니요
오직 능력과 사랑과 절제하는 마음이니 (딤후 1:7)

내가 항상 주와 함께 하니 주께서
내 오른손을 붙드셨나이다. 주의 교훈으로 나를 인도하시고
후에는 영광으로 나를 영접하시리니 (시 73:23~24)

우리 주 예수 그리스도의 아버지 하나님을 찬송하리로다.
그의 많으신 긍휼대로 예수 그리스도를 죽은 자 가운데서
부활하게 하심으로 말미암아 **우리를 거듭나게 하사**
산 소망이 있게 하시며 (벧전 1:3)

우리가 세상의 영을 받지 아니하고 오직 **하나님으로부터 온 영을 받았으니** 이는 우리로 하여금 하나님께서 우리에게 은혜로 주신 것들을 알게 하려 하심이라. (고전 2:12)

오랫동안 우리 안에 자리 잡고 살아온 낮은 자존감을 하루아침에 바꾼다는 것은 불가능한 일처럼 느껴진다. 그러나 자신의 처지나 존재감을 변화시킬 수 있는 말씀을 쓰고, 그 말씀을 지속적으로 묵상함으로써 계속 내면에 쌓여온 **잘못된 인지나 감정들을 바꿀 수 있다.** 이 말씀들이 가슴으로 다가와 인정되고 확신이 생길 때 우리의 자존감은 변화될 수밖에 없다.

내 평생에 선하심과 인자하심이 반드시 나를 따르리니
내가 **여호와의 집에 영원히 살리로다.** (시 23:6)

네가 부를 때에는 나 여호와가 응답하겠고
네가 부르짖을 때에는 내가 여기 있다 하리라. (사 58:9)

그는 시냇가에 심은 나무가 철을 따라 열매를 맺으며

그 잎사귀가 마르지 아니함 같으니

그가 하는 모든 일이 다 형통하리로다. (시 1:3)

여호와를 찬송함이여 내 간구하는 소리를 들으심이로다.
여호와는 **나의 힘과 방패이시니** 내 마음이 그를 의지하여
도움을 얻었도다. 그러므로 **내 마음이 크게 기뻐하며** 내
노래로 그를 찬송하리로다. (시 28:6~7)

낮은 자존감에서 비롯된 **우울감의 저변에는 비합리적인 사고들이 자리 잡**

고 있다. 그 생각들은 수시로 자신을 괴롭힌다. 주로 이러한 생각들이다. '나는 되는 것이 없어, 도저히 참을 수가 없어, 왜 나에게만 이런 일이 있을까? 나는 태어나지 말아야 했었어, 세상은 참으로 불공평해, 나에겐 소망이 없어' 등. 잘 대처해 이런 어두운 생각들을 버리고 이겨야 하지만 결코 쉽지가 않다.

내 마음 속에 왜곡된 생각들이 쏟아져 올라올 땐, "스톱(Stop)"을 외치고 말씀으로 대치한다. 말씀을 쓰며 그 속에 빠져본다. 말씀 속에 오래 머물러 있을 수록 비합리적인 사고들을 이기고, 거기로부터 벗어날 수 있다.

주께서 내 내장을 지으시며 나의 모태에서 나를 만드셨나이다.
내가 주께 감사하옴은 나를 **지으심이 심히 기묘하심이라.**
주께서 하시는 일이 기이함을 내 영혼이 잘 아나이다. (시 139:13~14)

내가 은밀한 데서 지음을 받고 땅의 깊은 곳에서 기이하게 지음을 받은 때에 **나의 형체가 주의 앞에 숨겨지지 못하였나이다.** 내 형질이 이루어지기 전에 주의 눈이 보셨으며 나를 위하여 정한 날이 하루도 되기 전에 주의 책에 다 기록이 되었나이다. (시 139:15~16)

나는 포도나무요 너희는 가지라. 그가 내 안에,
내가 그 안에 거하면 사람이 열매를 많이 맺나니
나를 떠나서는 너희가 아무 것도 할 수 없음이라. (요 15:5)

하나님이여 주의 생각이 내게 어찌 그리 보배로우신지요.
그 수가 어찌 그리 많은지요. 내가 세려고 할지라도
그 수가 모래보다 많도소이다. **내가 깰 때에도**
여전히 **주와 함께** 있나이다. (시 139:17~18)

그날에는 내가 아버지 안에, 너희가 내 안에 내가 너희 안에 있는 것을
너희가 알리라. 나의 계명을 지키는 자라야 **나를 사랑하는 자니**
나를 사랑하는 자는 내 아버지께 사랑을 받을 것이요
나도 그를 사랑하여 그에게 나를 나타내리라. (요 14:20~21)

성경은 우리가 주님 안에서 참으로 **소중한 존재이며 동시에 주님 안에서 '새로운 존재'임**을 누누이 말하고 있다. 그렇다. **주님 안에 거하면, 우리는 이미 새로운 피조물이 된 것**이다. 그 분의 자녀가 되었고, 귀한 상속자가 되었으며, 친구가 되었다. 그러므로 과거에 버려졌어야 할 것들, 여러 가지 상처들, 괴로움들을 더 이상 짊어지고 살 필요가 없는 것이다.

낡은 과거의 상처로 인한 잘못된 기억과 왜곡된 메시지로 괴로워하는 일을 이제는 그쳐야 한다. 그것들을 깨끗하게 버려 버리시라. 그 빈 공간에 새로운 진리의 말씀들을 다시 입력함으로써 **내 생각을 바꾸는 것이 중요하다.**

우리는 그가 만드신 바라. 그리스도 예수 안에서 선한 일을
위하여 지으심을 받은 자니 이 일은 하나님이 전에 예비하사

우리로 그 가운데서 행하게 하려 하심이니라. (엡 2:10)

그런즉 너는 알라. 오직 네 하나님 여호와는 하나님이시요 **신실하신 하나님이라.** 그를 사랑하고 그의 계명을 지키는 자에게는 천 대까지 그의 언약을 이행하시며 인애를 베푸시되 (신 7:9)

네 짐을 여호와께 맡기라. 그가 **너를 붙드시고** 의인의 요동함을 영원히 허락하지 아니하시리로다. (시 55:22)

자기 아들을 아끼지 아니하시고 우리 모든 사람을 위하여 내주신 이가 어찌 **그 아들과 함께 모든 것을** 우리에게 주시지 아니하겠느냐. (롬 8:32)

우리가 알거니와 하나님을 사랑하는 자 곧 그의 뜻대로 부르심을 입은 자들에게는 모든 것이 합력하여 선을 이루느니라. (롬 8:28)

나누기

1. 위의 말씀 중에 내 마음에 가장 의미 있게 다가온 말씀을 나누어 봅시다.

2. 그 이유는 무엇입니까?

3. 쓰고 읽으면서 내 몸과 마음에 느껴지는 것은 무엇입니까?

   (변화가 있었다면 그것을 나누어 봅시다.)

4. 나에게 주시는 새로운 깨달음이 있다면 그것은 무엇입니까?

   (버려야 할 것들과 새롭게 가져야 할 것들을 자신의 말로 써 봅시다.)

5. 변화와 성장을 위해, 계속 쓰고 묵상하고 싶은 말씀을 나누어 봅시다.

우울증과 성숙

우리 모두는 '그리스도의 장성한 분량'까지 자라고 성숙되어야 할 사람들이다. 영적인 삶뿐만 아니라 일상생활에서도 무언가가 이뤄지고 개선되어지는 것을 느끼게 되면, **스스로를 보는 관점**이 바뀌게 된다. 나도 모르게 내면으로부터 '아, 내가 조금씩 달라지고 있어' '예전보다 좋은 방향으로 가고 있어' '앞으로는 더욱 잘 할 것 같은데' 등의 **긍정적인 생각들이** 자리 잡기 시작한다. 그러면 열등감이나 우울감은 줄어들고 **건강한 자신감이 생기기 시작한다.** 찰스 스탠리 목사님은 열등감과 우울, 불안이 올 때마다 언제나 이렇게 기도했다.[3]

"주님, 나는 당신이 **내 모든 잠재력이 발휘되게 하실 수 있는 분임을 믿습니다.** 당신만이 내 능력을 아십니다. **당신만이 나의 잠재력이 어떻게 나타날 수 있는지 아십니다.** 당신만이 나의 잠재력이 성취되기 위해서 필요한 상황과 도전, 계기와 만남을 아십니다. 당신이 내 삶을 통해 이 모든 것들을 이루실 줄 믿습니다."

얼마나 우리에게 도전을 주는 말인가? 비록 우리가 깊은 우울감으로 헤매고 있다 할지라도 우리 모두에겐 잠재력이 있고, 하나님께서는 그것들이 성취되고 열매 맺히기를 간절히 원하신다. 또한 **이제 성인이 된 내 자신이 나를 위로할 수 있고 격려할 수 있음**을 알아야 한다. 내가 나를 위로할 힘이 없을 때에도 **말씀을 통해서 내 자신을 위로하고 격려하며 힘을 실어줄 수** 있다. 내가 나 자신을 위로하는 것이야말로 가장 좋은 치유의 방법이며, 성숙으로 가는 지름길이다. 다음의 말씀들은 우리를 격려할 뿐만 아니라 우리의 정체성 확립에도 도움을 주는 것들이다.

옛적에 여호와께서 나에게 나타나사 내가 영원한 사랑으로
너를 사랑하기에 인자함으로 너를 이끌었다 하였노라. (렘 31:3)

주께서 내 내장을 지으시며 나의 모태에서 **나를 만드셨나이다.** (시 139:13)

나의 어머니의 배에서부터 주께서 나를 택하셨사오니
나는 항상 주를 찬송하리이다. (시 71:6)

너의 하나님 여호와가 너로 말미암아 **기쁨을 이기지 못하시며** (습 3:17)

내가 그들에게 복을 주기 위하여
그들을 떠나지 아니하리라. (렘 32:40)

우리 주 예수 그리스도와 우리를 사랑하시고 영원한 위로와
좋은 소망을 은혜로 주신 하나님 우리 아버지께서
너희 마음을 위로하시며 (살후 2:16~17)

우리의 모든 환난 중에서 우리를 위로하사 (고후 1:4)

자기 아들을 아끼지 아니하시고 우리 모든 사람을 위하여
내주신 이가 어찌 그 아들과 함께 모든 것을
우리에게 주시지 아니하겠느냐. (롬 8:32)

사망이나 생명이나 천사들이나 권세자들이나 현재 일이나
장래 일이나 능력이나 높음이나 깊음이나 다른 어떤 피조물이라도
우리를 우리 주 그리스도 예수 안에 있는
하나님의 사랑에서 끊을 수 없으리라. (롬 8:38~39)

아직도 내 안에 울고 있는 아이가 있다면, **자기와의 대화(self-talk)를 통해 위로하고 격려하자.** 기도 속에서 그 아이를 끌어안고 사랑한다고 말해주라. 그 아이의 원함이나 열망을 들어주라. 격려와 위로와 긍정적인 스트로크를 마음껏 해주자. 여러 번 마음껏 울고, 슬퍼해도 좋다. 그런 후에도 자신에게 **성장과**

위로의 메시지를 다시 주기 바란다. 어린 시절의 슬픔과 대면해 많이 울었다 할지라도, 지속적인 돌봄과 성숙은 여전히 필요하다.

"어린 시절에 경험해 보지 못했던 사랑과 보호를 주는 부모 역할을 배우게 되면, 이제는 더 이상 어렸을 때 부모가 해주지 못한 역할을 다른 사람에게 기대하는 노력을 중단하게 된다. 이 일은 한두 번으로 끝나는 작업이 아니라 계속되어야 한다. 각자가 하루 중 **얼마의 시간을 내어서 자신의 '내면 아이'와 대화하며 돌보는 것이** 중요하다. 즉 내면의 상처를 바라보고 스스로 돌볼 수 있는 꾸준한 훈련이 필요한 것이다." 4

내가 경험하고 싶었던 부모의 역할, 부모에게서 듣고 싶었던 말을 적절한 성경 말씀으로 써보자. 성경에는 **우리의 부모역할을 해주는 말씀**이 무수히 많다. 가장 인상적인 몇 구절을 우선 써보고 묵상해 보자.

내가 내 눈에 **보배롭고 존귀하며 내가 너를 사랑하였은즉**
내가 네 대신 사람들을 내어 주며
백성들이 네 생명을 대신하리니. (사 43:4)

내 이름으로 불려지는 모든 자 곧 내가 내 영광을 위하여 창조한 자를
오게 하라. **그를 내가 지었고 그를 내가 만들었느니라.** (사 43:7)

그날에는 **내가 아버지 안에, 너희가 내 안에,
내가 너희 안에 있는 것을** 너희가 알리라. (요 14:20)

사람이 나를 사랑하면 내 말을 지키리니 내 아버지께서
그를 사랑하실 것이요 우리가 그에게 가서 거처를
그와 함께 하리라. (요 14:23)

그분은 나를 자유롭게 하시며 나에게 기쁨을 주십니다.
오직 그의 은혜를 통해 생명이라는 선물을 주십니다.
나는 오늘도 하나님의 사랑을 받아들일 것이며

그 분이 나를 영원히 사랑하실 것임을 믿습니다.

하나님께서는 우리가 원하는 것보다도 더 **우리의 치유와 변화를 원하신다.** 그분은 우리가 **성숙되어 더욱 쓰임 받는 사람이 되기를 원하신다.** 이 사실을 깨달아 더 이상 나를 비하시키거나, 타인과 비교하며 괴로워 할 필요가 없다. 이제 자신의 정체성과 하나님의 소망을 알았다면 말씀을 통해 더욱 확신 얻는 일을 지속해야 한다. 내가 나를 사랑하고 걱정하며 성숙을 원하는 것보다 **훨씬 더 큰 열정으로 주님은 우리에게 성숙과 풍성한 삶을 주시겠다고 약속하셨으며 그 길로 우리를 인도하고 계신다.**

소망의 하나님이 모든 기쁨과 평강을 믿음 안에서
너희에게 충만하게 하사 **성령의 능력으로**
소망이 넘치게 하시기를 원하노라. (롬 15:13)

그런즉 이 일에 대하여 우리가 무슨 말 하리요. 만일 **하나님이 우리를 위하시면** 누가 우리를 대적하리요. 자기 아들을 아끼지 아니하시고 우리 모든 사람을 위하여 내어주신 이가 어찌 그 아들과 함께 모든 것을 우리에게 주시지 아니하겠느냐. (롬 8:31~32)

나누기

1. 위의 말씀 중에 내 마음에 가장 의미 있게 다가온 말씀을 나누어 봅시다.

2. 그 이유는 무엇입니까?

3. 쓰고 읽으면서 내 몸과 마음에 느껴지는 것은 무엇입니까?

   (변화가 있었다면 그것을 나누어 봅시다.)

4. 나에게 주시는 새로운 깨달음이 있다면 그것은 무엇입니까?

   (버려야 할 것들과 새롭게 가져야 할 것들을 자신의 말로 써 봅시다.)

5. 변화와 성장을 위해, 계속 쓰고 묵상하고 싶은 말씀을 나누어 봅시다.

마음에 있는 슬픔과 눈물을 쏟아 놓으라

울어야 한다. 슬픔이나 외로움을 심각하게 느끼면서도 제대로 표현하지 못하는 것은 상태를 더욱 힘들게 한다. 누군가의 지지가 필요하지만 쉽게 다가가지 못하고 여러 이유로 슬픔을 부정하고 표현하지 않으면 문제는 점점 더 심각하게 된다. 특히 우울감에 갇혀 있는 사람이라면, **자신의 울적하고 슬픈 기분이나 아픈 감정을 이해해 주는 사람에게 자신의 내면을 토로하는 작업**이 참으로 중요하다. 기독교 상담 학자인 노먼 라이트는 이렇게 쓰고 있다.

"기독교인들에게도 종종 **자신들의 상실을 슬퍼하도록 허용될** 필요가 있다. 종교적인 신념과 관계없이, 상실은 슬픔을 낳고, 슬픔은 비탄을 낳고, 심지어는 우울증까지도 일으킨다. 슬픔이 허용되지 않거나 미숙한 채로 차단되어 버리면, 수년 후에 더 큰 문제들이 나타나곤 한다. 나는 내담자들에게 **슬퍼할 시간을 갖도록 숙제를 준다.**"

울어야 한다. 진실한 눈물이 가슴 속 심연에서 흘러나오도록 **울고 또 울어**

야 한다. 어린 시절부터 표현 못하고 억눌러 놓았던 감정을 울면서 해소해야 한다. 자신을 방어하며 가짜 감정으로 살았던 시간들만큼 울어야 한다. 울지 못하고, 표현하지 못해 생긴 위장된 감정들은 분노와 우울, 공격으로 튀어나와 자신과 주위 사람들을 괴롭히는 주범이 되기 때문이다. 글을 쓰면서, 말씀을 쓰면서 이미 겪었거나 지금 겪고 있는 **아픈 감정들을 드러내는 것**은 나를 이해하며 공감하며 확인해 나가는 치유의 작업이다. 이 시를 읽어보자.

마음껏 울어라
메리 캐서린 디바인

딸아, 마음껏 슬퍼하라.
진정, 슬픈 일에서 벗어날 유일한 길이니
두려워 말고, 큰 소리로 울부짖고 눈물 흘려라.
눈물이 그대를 약하게 만들지 않을 것이다.
눈물을 쏟고 소리쳐 울어라.
눈물은 빗물이 되어
상처를 깨끗이 씻어줄 테니
상실한 모든 것에 가슴 아파하라.
마음껏 슬퍼하라.
온 세상이 그대에게 등을 돌린 것처럼….

주여, 내가 아프고 심히 구부러졌으며 **종일토록
슬픔 중에 다니나이다.** 내 허리에 열기가 가득하고 내 살에
성한 곳이 없나이다. 내가 피곤하고 심히 상하였으매
마음이 불안하여 신음하나이다. (시 38:6~8)

내 하나님이여 내 하나님이여 어찌 나를 버리셨나이까.
어찌 나를 멀리하여 돕지 아니하시오며
내 신음 소리를 듣지 아니하시나이까. (시 22:1)

나는 벌레요 사람이 아니라. 사람의 비방거리요
백성의 조롱거리나이다. **나를 보는 자는 다 나를 비웃으며
입술을 비쭉거리고** 머리를 흔들며 말하되 그가 여호와께 의탁하니
구원하실 걸, 그를 기뻐하니 건지실 걸 하나이다. (시 22:6)

나는 물같이 쏟아졌으며 내 모든 뼈는 어그러졌으며

내 마음은 밀랍 같아서 내 속에서 녹았으며

내 힘이 말라 질그릇 조각 같고 내 혀가 입천장에 붙었나이다.

주께서 또 **나를 죽음의 진토 속에 두셨나이다.** (시 22:14~15)

여호와여 멀리하지 마옵소서. 나의 힘이시여

속히 나를 도우소서. (시 22:19)

그는 곤고한 자의 곤고를 멸시하거나 싫어하지 아니하시며

그의 얼굴을 그에게서 숨기지 아니하시고
그가 **울부짖을 때에 들으셨도다**. (시 22:24)

우울증이 블랙홀처럼 나를 힘들게 하는 이유 중 하나는 그것이 내면에서 나를 비난하고, 내가 무가치하다고 공격하기 때문이다. **하나님과 타인은 물론 나 자신에게까지 '관계회로'가 꺼져버린 것**이다. 물론 거기에는 나름 이유가 있다. 그러기에 그 이유의 근원을 내어놓고, 상처와 아픔을 마음껏 슬퍼하는 것이다. 애통함, 슬픔과 고통, 상실감, 수치감과 절망감 등은 대부분 숨기고 포장하고 싶은 것들이다. 그러나 결코 그럴 수 없다. 드러내 놓고 **울어야 한다. 울고 싶을 때 많이 울어야 한다.** 아픈 마음, 심한 외로움, 분노나 절망감을 **먼저 인정하고 표현**해야 한다. 아래의 일들을 시도해 보자.

1. 당신의 고통과 아픔을 **누군가에 고백하듯이, 편지를 쓰듯이 적어보자.** 지금 느끼고 있는 감정들을 다 표현해도 좋다. 외로움, 분노, 절망감, 섭섭함, 원망 등의 감정을 표현해 보자. 그리고 여러 번 그것을 읽어보라.

2. 이렇게 기록한 편지를 친한 친구, 상담자, **멘토에게 읽어주라.** 이것이 어려우면 용기가 생길 때까지 **자신에게 여러 번 읽어주라.** 그렇게 한 다음에 타인에게도 읽어주면 된다. 근본적인 문제에 대해 그들과 상의하는 것도 좋다.

3. 이번에는 나에게 힘을 주는 말씀이나 복음 성가 가사를 써보자.

> 너 예수께 조용히 나가 네 모든 짐 내려놓고
> 주 십자가 사랑을 믿어 죄 사함을 너 받으라.
> 너 예수께 조용히 나가 **네 마음을 쏟아놓라.**
> 늘 은밀히 보시는 주님 큰 은혜를 베푸시리. (찬송가 483장 1절)

너 주님과 사귀어 살면 새 생명이 넘치리라

주 예수를 찾는 이 앞에 참 밝은 빛 비추어라.

주 예수께 조용히 나가 네 마음을 쏟아노라.

늘 은밀히 보시는 주님 큰 은혜를 베푸시리. (찬송가 483장 4절)

백성들아 시시로 그를 의지하고 **그의 앞에 마음을 토하라.**

하나님은 우리의 피난처시로다. (시 62:8)

그는 곤고한 자의 곤고를 멸시하거나 싫어하지 아니하시며

그의 얼굴을 그에게서 숨기지 아니하시고
그가 울부짖을 때에 들으셨도다. (시 22:24)

나누기

1. 위의 말씀 중에 내 마음에 가장 의미 있게 다가온 말씀을 나누어 봅시다.

2. 그 이유는 무엇입니까?

3. 쓰고 읽으면서 내 몸과 마음에 느껴지는 것은 무엇입니까?

   (변화가 있었다면 그것을 나누어 봅시다.)

4. 나에게 주시는 새로운 깨달음이 있다면 그것은 무엇입니까?

   (버려야 할 것들과 새롭게 가져야 할 것들을 자신의 말로 써 봅시다.)

5. 변화와 성장을 위해, 계속 쓰고 묵상하고 싶은 말씀을 나누어 봅시다.

자신에게 관대하게 하라

깊은 우울감의 소유자들은 자신과 자신의 삶에 대해 관대하지 못하고 비판적이며 비관적이다. 타인들에게는 관대하며 최대한 배려를 하면서도, **자신에게는 가혹하고 관대하지 못하다.** 자신이 알면서, 혹은 자신도 모르게 스스로를 비하시키며 괴롭히고 있다. 다른 누구보다도 자기 스스로를 감당하기 어려워한다. 또한 남이 친절이나 배려를 베풀어 줄 때에도 **스스로 받을 자격이 없다고 느낀다.** 성경에 나오는 온갖 축복들, 위로와 격려의 말씀들, 약속과 선한 것들도 자기와는 상관이 없다고 느낀다. 윌리엄 바커스는 그의 저서에서 이렇게 말하고 있다.

"성경의 진리는 우리를 향한 **하나님의 사랑의 선물을** 반복해서 확인시켜 준다. 우리가 한 것은 과거에도 없고, 현재에도 없다. 그리고 현재 우리를 치열하게 괴롭히는 그 어떤 것들도 우리를 회복시키시는 **하나님의 사랑보다 강한 것은 없다.** 나는 30년 이상 우울증 환자들을 치유하면서 그들에게 공통적인 사실 한 가지를 발견할 수 있었다. 그들은 거의 모두 자신 자체와 자신의 삶, 그리고 자신의 미래를 비하시켰다. 나는 이 세 가지의 잘못된 생각을 '우울증의 삼

위일체'라고 부른다. 이 세 가지는 자기 고통의 원인이 된다. 당신은 어떠한가? 당신의 자기 고백 속에는 자신을 비하시키는 잘못된 생각이 들어있지 않은가? 하나님이 그의 독생자를 통해 우리의 가치를 인정하셨다는 사실을 알면서도 여전히 자신의 가치에 대하여 의문을 품고 있는가?" [5]

크리스천들은 머리로는 이미 자신들의 정체성이 무엇인지 잘 알고 있다. 수없이 들었기 때문이다. 그러나 머리가 아니라 가슴으로 받아들여야 한다. 이제 **쓰고 묵상하며 가슴으로 절실하게 느껴보는 시간**이다. 감사나 기쁨, 위로 등 꼭 필요한 내용을 21일 이상 쓰면 우리 뇌 속에 새로운 '뉴런 플라스틱'이 생긴다. 그러면 그 후에는 좋은 감정들이 자연스럽게 흘러나온다.

아래의 구절들을 읽고 써보자. 확신을 갖고 써보자.

> 나를 사랑하는 자들아 **나의 사랑을 입으며** 나를
> 간절히 찾는 자가 나를 만날 것이니라. (잠 8:17)

> 주께서 **내 등불을 켜심이여** 여호와 내 하나님이
> 내 흑암을 밝히시리이다. (시 18:28)

내가 그들의 슬픔을 **돌려서 즐겁게 하며** 그들을 위로하여
그들의 **근심으로부터 기쁨을** 얻게 할 것임이라. (렘 31:13)

여호와는 **나의 반석이시요** 나의 요새시요 나를 건지시는 이시요
나의 하나님 이시요 내가 그 안에 피할 바위시요 나의 방패시요
나의 **구원의 뿔이시요** 나의 산성이시로다. (시 18:2)

성경에 무수한 위로와 지지의 말씀이 있지만 우리는 그 말씀들을 나와 상관없이 여기고 간과해 버릴 때가 많다. 일단 자기비난이나 지나친 연민에 빠져들기 시작하면 왜곡된 사고들이 이상한 행동들을 만들어 낸다. 화를 무조건 억누르는 것, 스스로 고립되는 일, 자신을 혹사시키거나 아무 일도 하지 않고 지내는 것, 받을 수 있는 배려도 무시하고 고통을 당하는 것 등은 모두 우울증을 더욱 심화시키는 행동들이다. 어떤 경우에는 자신이 왜 그런지도 모른 채, 그런

상태에서 벗어나기가 점점 어려워지게 된다.

그러나 아직 늦지 않았다. 지금부터 시작하자. 자기 비난이나 비판에 스스로 집중하는 것을 발견할 때 마다 **일단 '스톱'을 외치라.** 그리고 잠시 멈춰 자신의 잘한 점을 찾아내고 칭찬하라! 곧 자신을 비판하고 비난하는 대신, **적극적인 위로나 격려를 하는 것이다.** 여러 번 이를 **반복하여 습관화 시켜야 한다.** 일단 시작하는 것이 가장 중요하다. 오늘, 지금, 이 순간부터 시작해 보자. 다음의 말씀들을 묵상하며 써 보자.

> 우리가 마음에 뿌림을 받아 악한 양심으로부터 벗어나고 몸은 맑은 물로 씻음을 받았으니 **참 마음과 온전한 믿음**으로 하나님께 나아가자. (히 10:22)

> 내가 여호와로 말미암아 크게 기뻐하며 내 영혼이 나의 **하나님으로 말미암아 즐거워하리니** 이는 그가 구원의 옷을 내게 입히시며 공의의 겉옷을 내게 더하심이 신랑이 사모를 쓰며 신부가 자기 보석으로 단장함 같게 하셨음이라. (사 61:10)

그러므로 우리가 낙심하지 아니하노니 우리의 겉 사람은 낡아지나 우리의 속사람은 **날로 새로워지도다.** 우리가 잠시 받는 환난의 경한 것이 지극히 크고 영원한 영광의 중한 것을 우리에게 이루게 함이니 우리가 주목하는 것은 보이는 것이 아니요 보이지 않는 것이니 보이는 것은 잠깐이요 **보이지 않는 것은 영원함이라.** (고후 4:16~18)

소망의 하나님이 모든 기쁨과 평강을 믿음 안에서 너희에게 충만하게 하사 **성령의 능력으로 소망이** 넘치게 하시기를 원하노라. (롬 15:13)

나는 주의 힘을 노래하며 아침에 주의 인자하심을
높이 부르오리니 주는 **나의 요새이시며** 나의 환난
날에 **피난처심이니이다.** (시 59:16)

　하나님은 우리에게 사물에 대해 평가할 수 있는 능력을 주셨다. 그러나 우리는 이 멋진 선물을 우리의 성숙이나 아름다운 일을 위한 것이 아니라 그릇된 것에 잘못 사용할 때가 많다. 곧 나 자신에 대해서는 관대하지 않은 가운데 자책하거나 심하게 비난하는 등 자신을 괴롭히는데 그 선물들을 사용하고 있는 것이다. 이 얼마나 안타까운 일인가? **자신에게는 관대하지 못하고 자책하며 죄책감으로 자신을 괴롭히는 일을 이제 그만두자.** 자신이 절대자라도 된 것처럼 스스로 심판하고, 비난함으로써 그 속에서 빠져 나오지 못하는 어리석은 태도에서 이제 벗어나야 한다.
　다윗은 자신의 죄성과 잘못된 자신의 행위를 알았을 때, 깊은 자책에 빠져

스스로를 괴롭히는 것에 머물지 않았다. 그는 자책했고 깊이 고뇌했지만, 거기서 끝나지 않고 확실하게 회개하면서 하나님 품으로 나아갔다. 어떤 경우에도 그분을 전적으로 의지했다.

> 하나님이여 **주의 인자를 따라 내게 은혜를 베푸시며** 주의 많은 긍휼을 따라 내 죄악을 지워 주소서. 나의 죄악을 말갛게 씻으시며 나의 죄를 깨끗이 제하소서. 무릇 나는 내 죄과를 아오니 내 죄가 항상 내 앞에 있나이다. (시 51:1~3)

> 우슬초로 나를 정결케 하소서 내가 정하리이다.
> **나의 죄를 씻어 주소서 내가 눈보다 희리이다.**
> 내게 즐겁고 **기쁜 소리를 들려 주시사**
> 주께서 꺾으신 뼈들도 즐거워하게 하소서. (시 51:7~8)

얼마나 위로가 되는 말씀인가! 철저히 회개하면서도 하나님을 전적으로 의지하고 기쁨으로 나아가는 모습은 우리에게도 많은 감동을 준다. 다윗처럼 우리도 지금 죄책감에만 빠져 있는 것이 아니라 예수 그리스도의 십자가를 의지해 "나의 죄를 씻어 주소서. 내가 눈보다 희리이다"라고 고백할 수 있다. 그리고 **주님이 주신 평안을 회복할 수 있다.**

또 한 가지 덧붙이자면 사람은 몸을 갖고 있기에 **'일상생활을 잘 할 수 있도록 자신을 돌보는 일'**은 너무나 중요하다. 식구들이나 주위 사람들의 건강은 신경 쓰지만, 자신의 일상생활에는 관대하지 못한 가운데 자신을 혹사시키거나 돌보지 않는 것은 심각한 결과를 초래한다. 엘리야가 깊은 우울과 탈진에 빠져 있을 때, 하나님은 먼저 엘리야를 먹이시고 쉬게 하셨다. 그런 다음에 사명감을 일깨워 그를 치유하셨다. **관대함을 갖고 자신의 몸과 영혼을 돌보는 것**은 참으로 중요한 일 중의 하나이다.

나를 위해 규칙적인 운동을 하자. 밖으로 나가 햇빛을 즐기며 좋아하는 것을 먹자. 주님과 주위 사람들에게 작은 것이라도 감사해 보자. 더불어 **나에게도 감사하며 나를 관대하게 대해주자.**

주의 **구원의 즐거움을 내게 회복시켜 주시고**
자원하는 심령을 주사 나를 붙드소서. (시 51:12)

여호와는 **은혜로우시며 긍휼이 많으시며** 노하기를 더디 하시며 인자하심이 크시도다. 여호와께서는 **모든 것을 선대하시며** 그 지으신 모든 것에 긍휼을 베푸시는도다. (시 145:8~9)

그는 은혜를 모르는 자와 악한 자에게도 인자하시니라
너희 아버지의 자비로우심 같이
너희도 자비로운 자가 되라. (눅 6:35~36)

나누기

1. 위의 말씀 중에 내 마음에 가장 의미 있게 다가온 말씀을 나누어 봅시다.

2. 그 이유는 무엇입니까?

3. 쓰고 읽으면서 내 몸과 마음에 느껴지는 것은 무엇입니까?

   (변화가 있었다면 그것을 나누어 봅시다.)

4. 나에게 주시는 새로운 깨달음이 있다면 그것은 무엇입니까?

   (버려야 할 것들과 새롭게 가져야 할 것들을 자신의 말로 써 봅시다.)

5. 변화와 성장을 위해, 계속 쓰고 묵상하고 싶은 말씀을 나누어 봅시다.

쓰면서 대화하라

일단 깊은 우울이나 무력감에 빠지면, 혼자 골방에 앉아 아무도 만나고 싶지가 않다. 캄캄한 방에 앉아 **이런 저런 부정적인 생각**들로 허상의 성들을 쌓아 나간다. 긴 시간이 아닌데도 자기 주변에는 나쁜 것들만 있는 것 같다. **모든 것이 다 허무하고 무가치한 것처럼 느껴진다.** 모든 것이 다 싫어진다. 깊은 외로움을 느끼며 부정적인 것으로 가득 찬 늪에 빠져서 허우적거리는 자신의 비참한 모습을 보게 된다. 너무 비관적인 표현 같지만 **사실이다.** 상담 사역을 하면서 많은 사람들로부터 이 고백을 들어왔다. 필자 역시 이런 상태를 경험한 적이 있었다. 이런 상태에 돌입하면 우울증은 걷잡을 수 없이 확산되어 더욱 심각해 질 수 있다. 이때 **'대화'는 더없이 좋은, 꼭 필요한 약이다.** 캄캄한 곳에 혼자 머물고 싶은 마음을 박차고 나와야 한다. **그때 반드시 복용해야 할 약이 바로 '대화'라는 약이다.**

> 여호와께서 말씀하시되 오라 **우리가 서로 변론하자.**
> 너희의 죄가 주홍 같을지라도 눈과 같이 희어질 것이요
> 진홍같이 붉을지라도 양털 같이 희게 되리라. (사 1:18)

누가 약하면 내가 약하지 아니하며 누가 실족하게 되면
내가 애타지 아니하더냐. 내가 부득불 자랑할진대
내가 약한 것을 자랑하리라. (고후 11:30)

"그러므로 부끄러워하며 피하지 말라. 수치스런 사건도 **말로 표현하라**. 무슨 일이 있었는가? 어떻게 그것을 지금까지 간직하고 있는가? 당신은 버려진 자처럼 느끼고 있는가? 당신이 추하게 느껴지는가? 무가치하게, 아무 것도 아닌 것처럼 느껴지는가? 과거의 이 경험을 다루기 위해 어떻게 노력해 왔는가? (…중략) 이런 모든 마음에 담긴 것들을 글로 써보라. 말로 해 보라. 목표는 그늘 밖으로 그 수치를 꺼내는 것이다. 당신의 수치를 표현할 말을 찾아내면, 당신은 들으시고 말씀하시는 하나님 앞에서 대화를 하고 있는 것이다."[6]

위의 글처럼 **말로 표현하는 것**은 참으로 중요하다. 상대방에게 말을 건네거나 또는 다른 사람이 와서 대화할 수 있도록 허락하는 그 순간부터 '변화'는 시작된다. 닫혀버린 관계회로를 열어야 한다. 그 외로운 동굴에서 나와 **자신이 느끼는 두려움과 고독, 죄책감, 괴로운 생각들을 나누면서부터 우울감은 줄어들기 시작한다.** 이때 대화를 못하도록 막는 감정과 생각들이 있게 마련인데 그것들을 반드시 물리쳐야 한다. 그러면 누구와 대화할 것인가?

물론 나를 이해하고 공감할 수 있는 사람이면 된다. 거기에다 **지혜롭고 긍정적이며 용기를 줄 수 있는 사람**이라면 더욱 좋다. 혼자서는 안 된다. 누군가를 꼭 찾아가서 하고 싶은 이야기를 시작해야 한다.

> 백성들아 시시로 그를 의지하고 **그의 앞에 마음을 토하라.**
> 하나님은 우리의 피난처시로다. (시 62:8)

> 너희 중에 누구든지 지혜가 부족하거든 모든 사람에게
> 후히 주시고 꾸짖지 아니하시는 **하나님께 구하라.**
> 그리하면 주시리라. (약 1:5)

또한 **우리의 이 대화는 주님과의 대화로 이어져야 한다.** 누군가와 이야기 나누고 싶지 않고, 하더라도 대화가 시원치 않을 때, 나를 이해하시고 사랑하시며 충분히 힘을 주시는 그분과 대화를 나누는 것은 **우리의 마음이 확실하게 힘을 얻을 수 있는 지름길**이다. 특히 그리스도인들에게는 가장 확실한 변화를 기대할 수 있는 채널이다.

> 이와 같이 성령도 **우리 연약함을 도우시나니** 우리는 마땅히
> 기도할 바를 알지 못하나 오직 성령이 말할 수 없는 탄식으로
> **우리를 위하여 친히 간구하시느니라.** 마음을 살피시는 이가
> 성령의 생각을 아시나니 이는 성령이 하나님의 뜻대로
> 성도를 위하여 간구하심이라. (롬 8:26~27)

다윗의 심각한 우울감과 분노와 절망, 욥의 절망과 깊은 우울감, 예레미야의 소외감과 분노와 절망감 등 **성경 속 인물들의 억눌린 감정들은 그들이 하나님께 고백하며 부르짖고 나눔으로써 치유되었다.** 그럼으로써 그들은 잃었던

소망을 되찾게 되었다. 그들은 하나님께 고백하고 토로하는 가운데 그분의 위로와 격려를 얻게 되었다. 또한 하나님과의 친밀감을 회복하며 더욱 성숙한 영성의 소유자로 변화되었다.

주가 보이신 생명의 길 나 주님과 함께 상한 마음 드리며
주님 앞에 나아가리. **나의 도움이 되신 주, 그 이름 예수**
나의 길이 되신 이름 예수. (복음성가 중에서)

내가 가는 길을 그가 아시나니 그가 나를 단련하신 후에는
내가 순금같이 되어 나오리라. (욥 23:10)

내 영혼이 살기에 곤비하니 내 불평을 토로하고
내 마음이 피로운 대로 말하리라. (욥 10:1)

자신의 예민한 부분, 감추고 싶은 부분, 또한 수용하기 어려운 문제나 상황도 주님께는 그대로 고백할 수 있다. 우리를 조건 없이 늘 기쁨으로 받으시는 그분의 사랑과 긍휼, 넓은 포용력을 생각하며 **사실 그대로를 고백하라.** 차마 말씀드리기 어려운 것이라 할지라도 그분은 이미 다 알고 계신다는 것을 기억하라. 주님은 우리의 슬픔과 고통을 모두 아신다. 그러나 주님은 아는 것으로 그치지 않으시고 그 고통과 슬픔의 순간에 우리와 친히 함께 하시며 교제 하시기를 원하신다. 어려운 때일수록 주님과의 교제는 힘이 되고 그 교제 자체가 내 삶을 강하게 지지해 준다. **깊은 우울감의 덫을 걷어 올리는 도구는 '참 대화'다. 주위 사람들과 대화하자.** 무엇보다 주님과 대화하자. 대화를 하는 만큼 우리는 밝은 빛으로 나아갈 수 있다.

> 여호와여 내가 **소리 내어 부르짖을 때에 들으시고**
> 또한 나를 긍휼히 여기사 응답하소서.
> 너희는 내 얼굴을 찾으라 하실 때에 내가 마음으로
> **주께 말하되 여호와여 내가 주의 얼굴을 찾으리이다**
> 하였나이다. 주의 얼굴을 내게서 숨기지 마시고
> 주의 종을 노하여 버리지 마소서. (시 27:7~9)

여호와여 오직 내가 주께 부르짖었사오니 아침에 나의 기도가 주의 앞에 이르리이다. (시 88:13)

나누기

1. 위의 말씀 중에 내 마음에 가장 의미 있게 다가온 말씀을 나누어 봅시다.

2. 그 이유는 무엇입니까?

3. 쓰고 읽으면서 내 몸과 마음에 느껴지는 것은 무엇입니까?
  (변화가 있었다면 그것을 나누어 봅시다.)

4. 나에게 주시는 새로운 깨달음이 있다면 그것은 무엇입니까?
  (버려야 할 것들과 새롭게 가져야 할 것들을 자신의 말로 써 봅시다.)

5. 변화와 성장을 위해, 계속 쓰고 묵상하고 싶은 말씀을 나누어 봅시다.

감사, 감사는 최고의 치료사

깊은 우울감이나 만성적인 우울증으로 고통을 받아온 사람들에게 가장 필요한 단어는 '감사'다. 사소한 동기에서라도 **우리 마음속에 감사가 들어오기 시작만 하면 우울감이나 불안, 분노들은 줄어들게 된다.**

"감사는 풍성한 생명을 여는 열쇠다. 감사는 현재 가지고 있는 것을 충분히, 아니 그보다 더 많이 느끼게 한다. 감사는 부정을 수용으로 바꾸고, 혼돈을 질서로, 혼란을 명쾌함으로 돌려세운다. **한 끼 식사를 풍성한 잔치로, 평범한 가정을 오순도순 정이 흐르는 가정으로, 나그네를 친구로 바꾼다.**"[7]

문제는 어떻게 감사를 하며, 그것을 느낄 수 있는가에 있다. 감사도 의지의 선택이며 생활화 하기 위해서는 반드시 훈련이 필요하다. 살면서 작은 것을 하찮게 여기며 감사하지 않는다면 진정한 행복과 만족을 느낄 수 없다. 성경은 **"범사에 감사하라"**며 **"그것이 하나님의 뜻"**이라고 말한다. "범사에 감사하라"는 말 이전에 "쉬지 말고 기도하라"가 먼저 나온 의미를 깊이 묵상해보자. 진정한 기도는 감사와 직결된다.

항상 기뻐하라. 쉬지 말고 기도하라.
범사에 감사하라. 이것이 그리스도 예수 안에서
너희를 향하신 하나님의 뜻이니라. (살전 5:16~18)

_____

_____

여호와는 **나의 힘과 나의 방패이시니** 내 마음이 그를
의지하여 도움을 얻었도다. 그러므로 내 마음이
크게 기뻐하며 내 노래로 그를 찬송하리로다. (시 28:7)

_____

_____

하나님이여 **주의 이름으로 나를 구원하시고**
주의 힘으로 나를 변호하소서.
하나님이여 내 기도를 들으시며
내 입의 말에 귀를 기울이소서.
하나님은 나를 돕는 이시며

주께서는 내 생명을 붙들어 주시는 이시나이다.

내가 낙헌제로 주께 제사하리이다.

여호와여 주의 이름에 감사하오리니

주의 이름이 선하심이니이다. (시 54:1, 2, 4, 6)

기도를 계속하고 **기도에 감사함으로 깨어 있으라.** (골 4:2)

감사는 기도와 기쁨에 연결되어 있다. 기도하지 않고는 감사가 불가능할 때가 있다. 또한 기쁨은 감사로 이어진다. 진심으로 주님께 감사할 때 '관계회로'(relational circuit)가 열린다. 무엇보다 주님과의 관계회로가 열리면 그분과 진정한 교제를 나눌 수 있게 있다. 그렇게 되면, 지금까지 생각해왔던 관점이나 왜곡된 사고는 물론 불평과 분노까지도 바뀌게 된다. 곧 주님의 눈으로 사물을 바라보게 된다. 그럼으로써 자기가 지닌 소중한 것도 기꺼이 내어준다. 누군가를 사랑으로 섬기면서 얻는 감사는 **우리들 삶의 안목과 의미를 바꿔 놓는다.** 작자 미상의 다음 시는 우리가 생각하는 기존의 의미와는 다른 차원의 감사를 말하고 있다. 시를 읽다보면 비록 어려운 현실이지만, 눈을 더 넓게 떠서 차원이 다른 감사를 하게 한다. 이런 감사의 시를 쓸 수 있는 사람은 삶의 깊은 영역까지 감사를 확대함으로써 더 깊고, 소중한 것들을 노래하게 된다.

주님 때때로
병들게 하심을 감사합니다.
인간의 약함을
깨닫게 해주시기 때문입니다.
가끔 고독과 수렁에
내던져 주심도 감사합니다.
그것은 주님과
가까워지는 기회이기 때문입니다.

일이 계획대로 안 되게
틀어주심도 감사합니다.

그래서 나의 교만을 반성할 수 있습니다.

아들, 딸이
걱정거리가 되게 하시고
부모와 동기가
짐으로 느껴질 때도
있게 하심을 감사합니다.
그래서 인간된 보람을 깨닫기 때문입니다.

먹고 사는데
힘겹게 하심을 감사합니다.
눈물로써 빵을 먹는 심정을
이해할 수 있기 때문입니다.
불의와 허위가 득세하는 시대에
태어난 것도 감사합니다.
하나님의 의가
분명히 드러나기 때문입니다.

땀과 고생의 잔을
맛보게 하심을 감사합니다.

그래서 주님의 사랑을

깨닫기 때문입니다.

주님!

감사 할 수 있는

마음을 주심을 감사합니다.

「작자 미상, 어느 병실에 쓰인 시」

이 시를 읽으며 자신에게 와 닿는 부분을 그대로 써보자.

우울증은 나를 미워하고, 싫어하며, 수용하지 못하는 데서 출발한다. 곧 자신이 어떤 어려움을 겪게 되거나 혹은 사소한 실수를 할 때마다 내면에서는 **자신도 모르게** "너는 안 돼" "너는 쓸모없는 인간이야" "태어나지 말았어야 하는데" 등의 참혹한 말을 듣게 된다. 곧 나를 비판하고 부정적으로 선동하는 내면의 대화가 있다는 것이다. 이런 습성들은 자신을 무력하게 만들고 또한 불행하게 한다. 그런 습성이 오래되어 뇌에 회로가 생기게 되면 그 말들에 갇히게 되고 더욱 더 그곳에서 빠져 나오기가 힘들게 된다. 그래서 먼저 **자신을 습관적으로 괴롭히는 말이나 생각이 무엇인가를 알아야** 한다. "최고가 되지 않으면 실패자가 된 것이다." "나는 항상 모든 사람에게 인정과 칭찬을 받아야 한다." "나는 늘 되는 것이 없어." "나는 그 사람을 도저히 참을 수가 없어." "내게 중요한 사람들로부터 나는 반드시 사랑을 받아야만 해." "내가 실수를 하면 그것은 내가 바보라는 뜻이다." "세상은 공평해야 해." "나는 다른 사람에게서 인기와 사랑을 독차지해야 한다." 이런 생각과 말을 반드시 하나하나 따져가며 반박해야 한다. 이런 생각과 말들이 내면에 자리 잡고 있는 한 감사는 나올 수 없다. **부정적이고 나를 괴롭히는 내면의 대화를 일단 멈추고, 그것을 긍정적이고 나를 감동시키는 말씀으로 바꾸어야 한다. 여러 번 반복해서 습관이 될 때까지 읽고, 암송하며, 써야 한다.**

여호와는 나의 목자시니 **내가 부족함이 없으리로다.**
그가 나를 푸른 초장에 누이시며 쉴만한 물 가로
인도하시는도다. **내 영혼을 소생시키시고** 자기

이름을 위하여 의의 길로 인도하시는도다. (시 23:1~3)

너는 두려워하지 말라. 내가 너를 구속하였고 내가 너를 지명하여 불렀나니 **너는 내 것이라.** 네가 물 가운데로 지날 때에 **내가 너와 함께 할 것이라.** 강을 건널 때에 물이 너를 침몰하지 못할 것이며 네가 불 가운데로 지날 때에 타지도 아니할 것이요 불꽃이 너를 사르지도 못하리니 (사 43:1~2)

보라 하나님은 나의 구원이시라. 내가 신뢰하고 두려움이 없으리니 **주 여호와는 나의 힘이시며 나의 노래시며 나의 구원이심이라.** (사 12:2)

나는 주의 힘을 노래하며 아침에 주의 인자하심을 높이 부르오리니
주는 나의 요새이시며 나의 환난 날에 피난처심이니이다.
나의 힘이시여 내가 주께 찬송하오리니 하나님은 나의 요새이시며
나를 긍휼히 여기시는 하나님이심이니이다. (시 59:16~17)

아무 것도 염려하지 말고 다만 모든 일에 기도와 간구로,
너희 구할 것을 감사함으로 하나님께 아뢰라. 그리하면
모든 지각에 뛰어난 하나님의 평강이 그리스도 예수
안에서 **너희 마음과 생각을 지키시리라.** (빌 4:6~7)

주신 말씀에 근거하여 나의 존재를 다시 바라보며 믿음과 순종으로 우리를 향하신 하나님의 뜻인 감사를 받아들일 때, 우리는 변화와 회복을 맛볼 수 있게 된다. **과거에 감사했던 순간들**을 떠올려보자. **의도적으로라도 감사를 찾아보자.** 특별히 **감사했던 때를 순간 포착**해보자. 그러다보면 자신을 바라보는 눈이 달라진다. 그렇다. 내가 나를 감사하고 기뻐하게 되면 더 이상 나를 습관적으로 미워하거나 비하시킬 수는 없는 것이다. 또한 일단 감사하게 되면 내면에서 에너지가 흐르기 시작하고 생기가 돌며 여유가 느껴지는 것을 몸으로도 알 수 있다.

깊은 우울감을 갖고 있는 사람들은 흔히 '나는 감사할 것이 없다. 하나님도 나를 미워하시는 것 같다'라고 생각한다. 과연 그럴까? 전혀 그렇지 않다. 하나님께서는 우리를 창조하셨고 사랑하셨으며, 우리를 위해 그 아들을 십자가에 달려 죽도록 내어주기까지 하셨다. 그분은 지금도 우리를 돌보고 계신다. 우리가 **어디를 가든지 그분은 결코 떠나지 않고 우리를 돌보시며 지키신다. 그분의 생각은 우리의 생각과는 다르다.** 우리는 그분의 멋진 섭리 속에서 빚어지고 있는 중이며, 그 완전한 사랑은 우리의 마음을 녹이시며 풍성하게 한다.

> 우리가 **감사함으로 그 앞에 나아가며**
> **시를 지어 즐거이 그를 노래하자.**
> 여호와는 크신 하나님이시요
> 모든 신들보다 크신 왕이시기 때문이로다.

땅의 깊은 곳이 그의 손 안에 있으며
산들의 높은 곳도 그의 것이로다.
바다도 그의 것이라 그가 만드셨고
육지도 그의 손이 지으셨도다. (시 95:2~5)

감사함으로 그의 문에 들어가며 찬송함으로 그의 궁정에 들어가서
그에게 감사하며 그의 이름을 송축할지어다.
여호와는 선하시니 그의 인자하심이 영원하고
그의 성실하심이 대대에 이르리로다. (시 100:4~5)

여호와께 감사하라. 그는 선하시며 그 인자하심이 영원함이로다. 내가 고통 중에 여호와께 부르짖었더니 여호와께서 응답하시고 나를 넓은 곳에 세우셨도다. (시 118:1, 5)

그리스도의 평강이 너희 마음을 주장하게 하라. 너희는 평강을 위하여 한 몸으로 부르심을 받았나니 **너희는 또한 감사하는 자가 되라.** (골 3:15)

그리스도의 말씀이 너희 속에 풍성히 거하여 모든 지혜로 피차 가르치며 권면하고 시와 찬송과 신령한 노래를 부르며 감사하는 마음으로 하나님을 찬양하고 또 무엇을 하든지 말에나 일에나 **다 주 예수의 이름으로 하고**

그를 힘입어 하나님 아버지께 감사하라. (골 3:16~17)

● ● ●
나누기

1. 위의 말씀 중에 내 마음에 가장 의미 있게 다가온 말씀을 나누어 봅시다.

2. 그 이유는 무엇입니까?

3. 쓰고 읽으면서 내 몸과 마음에 느껴지는 것은 무엇입니까?

    (변화가 있었다면 그것을 나누어 봅시다.)

4. 나에게 주시는 새로운 깨달음이 있다면 그것은 무엇입니까?

    (버려야 할 것들과 새롭게 가져야 할 것들을 자신의 말로 써 봅시다.)

5. 변화와 성장을 위해, 계속 쓰고 묵상하고 싶은 말씀을 나누어 봅시다.

자신을 말씀에 빠뜨리기

성경을 습관적, 혹은 의무감이 아니라 **간절한 마음으로 그 능력과 은혜를 기대하며 읽고 쓰는 일은 우리 삶에 많은 변화를 가져다준다.** 성경은 우리의 인지를 바꿀 수 있는 최고의 책이며 진리의 보고이다. 동시에 영혼의 음식 같아서 우리의 마음속에 힘과 활력을 불어넣는다. 성경을 지속적으로 쓰고 읽을 때, **우리는 새로운 눈을 뜨게 되며 차원이 다른 세상을 만나게 된다.** 특히 깊은 우울감에 빠져본 사람들은 좋은 말씀에 관심이 많고, 그 말씀대로 살겠다는 열망이 강하다. 그래서 자신의 변화를 위해 읽고 쓴다는 것이 얼마나 유익한가를 점차 깨닫게 된다. 처음엔 조금 어려울 수도 있지만 일단 한 구절이라도 시작하는 것이 중요하다. 일단 조금만이라도 자신을 칭찬하고 격려해보자. 그러다보면 점점 더 앞으로 전진 할 수 있다.

이러므로 우리가 하나님께 끊임없이 감사함은
너희가 우리에게 들은 바 하나님의 말씀을 받을 때에
사람의 말로 받지 아니하고 **하나님의 말씀으로**
받음이니 진실로 그러하도다. **이 말씀이 또한**

너희 믿는 자 가운데에서 역사하느니라. (살전 2:13)

내가 전심으로 주를 찾았사오니 주의 계명에서
떠나지 말게 하소서. 내가 주께 범죄하지 아니하려 하여
주의 말씀을 내 마음에 두었나이다. 찬송을 받으실
주 여호와여 주의 율례들을 내게 가르치소서. (시 119:10~12)

내 눈을 열어서 주의 율법에서 놀라운 것을 보게 하소서.
나는 땅에서 나그네가 되었사오니 주의 계명들을
내게 숨기지 마소서. **주의 규례들을 항상 사모함으로
내 마음이 상하나이다.** (시 119:18~20)

여호와여 주의 율례들의 도를 내게 가르치소서
내가 끝까지 지키리이다. 나로 하여금 깨닫게 하여 주소서.
내가 주의 법을 준행하며 전심으로 지키리이다. (시 119:33~34)

우울이나 불안에 시달리는 사람에게 가장 필요한 것은 위로와 지지다. 자기 안에 마땅히 있어야 할 진정한 위로와 지지가 없기에 그렇게 힘들고 더욱 외로운 것이다. 위로와 지지가 필요한 것을 알고 있음에도 내 안에는 그럴 힘이나 여력이 없음을 먼저 인정하자. 또한 주위를 둘러봐도 교제할 마땅한 사람들을 찾지 못할 때도 있다. 그러나 **말씀 속에는 무수히 많은 위로와 지지가 있다.** '나는 뭐든지 제대로 하는 것이 없어'라는 생각이 나를 괴롭힐 때에도 성경은 우리의 정체성을 '그리스도 예수 안에서 선한 일을 위하여 지으심을 받은 자'라고 분명히 말한다. 무력함과 지루함으로 지쳐 있을 때에도 말씀은 **유능한 능력**

으로 우리에게 다가온다. 또한 성령께서 믿는 자의 마음을 변화시킨다. 따라서 말씀에는 능력이 있기에 마음의 변화를 통해 궁극적 치유를 가져온다. 그분이 우리 안에 오셔서 **변화를 주시는 힘은 참으로 놀랍다.** 사실 그분 자체가 은혜 이시다.

다음 말씀을 읽고 쓰면서 당신에게 주는 의미가 무엇인지 음미해보라.

> 이 말씀은 **나의 고난 중의 위로라.** 주의 말씀이
> 나를 살리셨기 때문이니이다.
> 여호와여 주의 옛 규례들을 내가 기억하고 스스로
> 위로하였나이다. (시 119:50, 52)

> **하나님의 말씀은 살아 있고 활력이 있어 좌우에 날선**
> **어떤 검보다도 예리**하여 혼과 영과 및 관절과 골수를
> 찔러 쪼개기까지 하며 또 **마음의 생각과 뜻을 판단하나니**
> 지으신 것이 하나도 그 앞에 나타나지 않음이 없고
> 우리의 결산을 받으실 이의 눈앞에 만물이

벌거벗은 것 같이 드러나느니라. (히 4:12~13)

진리의 말씀이 내 입에서 조금도 떠나지 말게 하소서.
내가 주의 규례를 바랐음이니이다. 내가 주의 율법을
항상 지키리이다. 영원히 지키리이다. (시 119:43~44)

내가 사랑하는 주의 계명들을 스스로 즐거워하며
또 내가 사랑하는 주의 계명들을 향하여 내 손을 들고
주의 율례들을 작은 소리로 읊조리리이다. (시 119:47~48)

말씀을 지적으로 알고 이해하는 것도 필요하지만 나의 생각과 오해를 고치기 위해서는 말씀을 가슴으로 깨달으며 경험하는 것이 더욱 중요하다. 곧 말씀이 살아서 역사하려면 말씀이 내 안에 내재화되는 일이 있어야 하는 것이다. 나름 믿음이 있다 해도, 고통과 우울이 찾아오면 현재에 집중하게 되어 괴로워하지만 정작 말씀은 생각나지 않게 될 수 있다. 그런 때야말로 더욱 **말씀에 집중하는 것이 필요한 순간이다.** 그렇게 집중하다보면 처음에는 어렵지만 **갈수록 힘이 생기며 변화를 체험하게 된다.** 그래서 고통의 때엔 더욱 말씀을 통해 나를 일으켜 세우며, 말씀과 함께 살아야 한다. 새로운 생각과 진리의 말씀이 확신될 **때까지** 말씀에 빠져 지내는 시간이 필요하다. 기도를 통해 주님(성령님)께 간절히 구하고, 의뢰해야 한다. 특별히 우울하고 불안할 때에는 더욱 성령님을 의지해 그분의 도우심을 소망하는 것이 중요하다. 또한 말씀을 사랑하는 사람들과 가까이 교제하며 서로 말씀을 나누라. 무엇보다 읽고, 쓰고, 묵상하는 등 말씀에 빠져 사는 것이야말로 놀라운 변화와 치유에 이르는 지름길이다.

내가 주의 법을 어찌 그리 사랑하는지요. 내가 그것을 종일 작은 소리로 읊조리나이다. 주의 계명들이 항상 나와 함께 하므로 그것들이 나를 원수보다 지혜롭게 하나이다. 내가 주의 증거들을 늘 읊조리므로 나의

명철함이 나의 모든 스승보다 나으며 주의 법도들을
지키므로 나의 명철함이 노인보다 나으니이다. (시 119:97~100)

여호와는 마음이 상한 자를 가까이 하시고 충심으로
통회하는 자를 구원하시는도다. (시 34:18)

여호와의 율법은 완전하여 영혼을 소성시키며
여호와의 증거는 확실하여 우둔한 자를 지혜롭게 하며
여호와의 교훈은 정직하여 마음을 기쁘게 하고
여호와의 계명은 순결하여 눈을 밝게 하시도다. (시 19:7~8)

여호와를 경외하는 도는 정결하여 영원까지 이르고
여호와의 법도 진실하여 다 의로우니 금 곧 많은 순금보다
더 사모할 것이며 꿀과 송이꿀보다 더 달도다. (시 19:9~10)

쓰고 나누기

이곳에서는 **자신만의 이야기나 느낌, 생각을 써보자.** 특히 실제로 우울증이 있거나 깊은 우울감 속에 빠져 있다면 그에 관한 자신의 스토리를 써보자. 특별한 느낌이나 생각이 있다면 그것도 자세히 쓰면 좋다. 다음은 데일 라이언이 쓴 글이다.

"때로는 우리가 진리에 속해 있다는 사실을 믿기가 어렵다. **마음을 굳세게 하는 일이 불가능 할 때도 있다.** 마음에 수치심이 가득하고 자꾸만

상처를 받으면 자신이 부족하고 결점투성이라는 생각에 괴롭다. 말씀에서처럼 우리 마음이 우리를 책망하는 것이다. **회복과정을 지나다 보면** 그동안 우리 스스로 수치심의 목소리와 양심의 가책을 내면화해 왔음을 깨닫게 된다.

우리는 그동안 자신에게 "너는 사랑받을 수 없는 존재야"라고 말했다. 이런 식으로 **계속해서 자신 스스로를 책망하며** 살았다. 심지어 우리가 진리에 속했는지 의심하기도 했다. …(중략)

그러나 하나님은 우리가 스스로를 책망하는 마음보다 훨씬 더 크신 분이다. 하나님은 모든 것을 아신다. 우리의 역사를 아시고, 우리가 과거에 받은 상처들을 아신다. 우리의 인간성을 아신다. 우리의 실패를 아신다. **우리에게 치유가 필요하다는 것을 아신다. 그럼에도 불구하고 하나님은 결코 우리를 비난하지 않으신다.**" [8]

이제 우리도 써보자. 나만의 이야기를 쓰고 나누는 시간이다. 말씀이 전혀 와 닿지 않았을 때, 말씀의 의미와 뜻을 알게 되었을 때, 그 말씀으로 인해 변화를 체험하게 되었을 때 등 세 과정으로 나눠 쓰면 좋다.

Part 2

불안으로부터 회복을 위한 쓰기

불안으로부터 회복을 위한 쓰기

불안은 누구에게나 있을 수 있다. 불안은 허상이지만 불안으로 인한 걱정과 근심으로 우리의 마음은 휘저어진다. 불안은 **마음의 평안을 빼앗고 고통을 가져다주는 회오리바람과 같다.** 한마디로 불안이란 우리가 미래에 겪을 지도 모르는 상처, 고통, 상실, 괴로움, 불편함, 불행 등을 현재에 실제로 당할 지도 모른다는 데서 오는 두려움이다. 대부분의 사람들은 죽음에 대한 공포가 있고 미래를 모르는 데서 오는 두려움을 갖고 있다. 그러나 불안은 의학적 차원의 두려움이나 고립감 이상의 것이다. 불안은 자기고백과 감정, 신체적인 현상이 함께 어우러져 나오는 아주 복합적인 것이다. 불안을 대처하는 방법도 사람들마다 각각 다르다.

별로 큰 일이 아닌데도 필요 이상으로 놀라고 두려워하는 사람들은 **하나님의 변함없는 사랑과 평안을 느끼게 해 주는 약속의 말씀**을 통해 안정을 되찾아야 한다. **무수한 변화와 고통의 폭풍우 속에서 하나님의 사랑과 약속의 말씀은 안전한 닻이 되어 우리를 평강으로 인도한다.** 성경에는 하나님이 택하신 사람들도 두려움과 놀라움에 고통을 겪었던 수많은 기록들이 있다. 모세를 비롯해 마가복음 16장에 나오는 여자들도 불안에 떨었다. 그러나 그들은 약속의 말씀을 붙잡고 불안을 극복, 결국 사명을 완수했다.

> 그러므로 내가 너희에게 이르노니 목숨을 위하여 무엇을
> 먹을까 무엇을 마실까 몸을 위하여 무엇을 입을까 염려하지 말라.
> 목숨이 음식보다 중하지 아니하며 몸이 의복보다 중하지 아니하냐.
> 공중의 새를 보라. 심지도 않고 거두지도 않고 창고에
> 모아들이지도 아니하되 너희 하늘 아버지께서 기르시나니
> 너희는 이것들보다 귀하지 아니하냐. (마 6:25~26)

> 그러므로 염려하여 이르기를 무엇을 먹을까 무엇을 마실까
> 무엇을 입을까 하지 말라. 이는 다 이방인들이 구하는 것이라.
> **너희 하늘 아버지께서 이 모든 것이 너희에게 있어야 할 줄을**
> **아시느니라.** 그런즉 너희는 먼저 그의 나라와 그의 의를 구하라
> 그리하면 이 모든 것을 너희에게 더하시리라. (마 6:31~33)

너희는 마음에 근심하지 말라. 하나님을 믿으니
또 나를 믿으라. (요 14:1)

하나님은 우리의 피난처시요 힘이시니 환난 중에 만날 큰 도움이시라.
그러므로 땅이 변하든지 산이 흔들려 바다 가운데에 빠지든지
바닷물이 솟아나고 뛰놀든지 그것이 넘침으로 산이 흔들릴지라도
우리는 **두려워하지 아니하리로다.** (시 46:1~3)

불안과 회피

의식적이든 무의식적이든 불안은 우리로 하여금 상황을 회피하도록 만든다. 즉 어떤 불안에 압도당하게 되면 특별한 대책이 없는 한 우리는 그 불안을 일으키는 사람, 상황, 장소를 피하려 한다. 그러나 불안을 극복하기 위해서는 **상황을 피하기보다 무언가 적극적인 행동을 취해야 한다는 사실을 알아야 한다.**

많은 심리학자들은 불안에 빠져 있는 사람들에게 닥치는 커다란 문제 중의 하나가 회피라고 지적한다. 불안을 근본적으로 해결하기 위해서는 자신 안에 있는 회피의 문제를 바르게 다뤄야 한다. 불안을 회피하는 것은 처음에는 효과가 있는 듯 보이지만, 아무리 회피해도 불안은 없어지지 않고 오히려 커질 뿐이다. 그러므로 불안이 올 때, 자신이 어떻게 그 불안을 회피하려 하는지를 인식하는 것이 불안으로부터 자유하기 위해 맨 처음 풀어야 할 숙제이다. 그 인식이 가능하게 됐다면 다음 단계에는 불안한 감정이 올 때에 회피하지 않는 것을 넘어 오히려 그 **감정이나 상황에 직면해 보는 것이다.**

다음 기도를 읽고 마음에 와 닿는 부분을 알아보자. (줄 긋고 서로 나누기)

"주님, 불안은 나를 끊임없이 조이고 괴롭히는 족쇄와도 같습니다. 너무도 괴롭습니다. 그러나 당신이 주신 **말씀과 약속으로 이 불안감들을 이길 수 있음을 확신합니다.** 당신은 이 불안하고 힘든 저의 마음을 잘 알고 계십니다. 지금의 불안과 두려움을 지금 모두 내려놓습니다. 오직 **당신의 인도만을 구합니다.** 저의 당면한 문제가 아무리 커도 주님께서 도와주시면 넉넉히 **이길 수 있습니다.** 성령님, 권능으로 함께 해 주십시오."

아무 것도 염려하지 말고 다만 모든 일에 기도와 간구로
너희 구할 것을 감사함으로 하나님께 아뢰라. 그리하면
모든 지각에 뛰어난 하나님의 평강이 그리스도 예수
안에서 너희 마음과 생각을 지키시리라. (빌 4:6~7)

세상에서는 너희가 환난을 당하나 담대하라.
내가 세상을 이기었노라. (요 16:33)

> 내가 너희를 **고아와 같이 버려두지 아니하고 너희에게로 오리라.** 조금 있으면 세상은 다시 나를 보지 못할 것이로되 너희는 나를 보리니 이는 내가 살아 있고 너희도 살아 있겠음이라. 그 날에는 내가 아버지 안에, 너희가 내 안에, 내가 너희 안에 있는 것을 너희가 알리라. (요 14:18~20)

불안을 회피하지 않고 맞서기 위해서는 첫째, 나를 **가장 불안하게 하는 것이 무엇인가**를 알아야 하고 둘째, 불안을 최소화하기 위해 나는 **어떤 도피기술을 사용하는가**를 알아야 한다. 불안감 때문에 미연에 방지하며 미리 회피하는 부분이 무엇인가를 알았다면, 그 다음 단계는 반대로 **불안과 담대하게 대면하는 것**이다. 하나님이 말씀하신 보호와 약속 안에서 용기를 내고, 그분이 내 마음과 생각을 지켜주심을 믿으며, 회피하지 않고 대면의 첫걸음을 내딛는 것이다. 그동안 너무나 불안해서 가지 못했던 장소나 하지 못했던 행동은 무엇인가? 아직 생기지도 않은 불치병을 상상하고, 그 사실을 누구에게도 말하지 못한 채 두려워하는가? 창피당하는 것이 무서워 마땅히 해야 할 것들을 미루고

있지 않은가? 이제는 말씀을 읽고 쓰며, **주님을 의지하고, 그 돌보심을 믿는 가운데 그동안과는 정반대의 행동이나 생각을 해보자.** 예를 들어 어떤 사람을 만나는 것이 두려워 지금까지 피해 다녔다면 상상 속에서라도 그 사람을 만나는 장면을 그려보고, 그것이 익숙해지면 정말로 그 사람을 만나보는 것이다. **내가 지금 걱정하고 두려워하는 불안은 허상이라는 것**을 늘 생각해야한다. 허상을 붙잡고 괴로워 할 것인가, 진리의 말씀을 붙들고 두려움을 직면할 것인가는 전적으로 나의 선택에 달렸다.

너희 염려를 다 주께 맡기라.
이는 그가 너희를 돌보심이라. (벧전 5:7)

우리가 그 안에서 그를 믿음으로 말미암아 **담대함과 확신을 가지고** 하나님께 나아감을 얻느니라. (엡 3:12)

평안을 너희에게 끼치노니 곧 나의 평안을 너희에게 주노라. 내가 너희에게 주는 것은 세상이 주는 것과 같지 아니하니라. **너희는 마음에 근심하지도 말고 두려워하지도 말라.** (요 14:27)

주님, 두려움을 늘 회피하고 무시한 채 살면서 느끼는
이 혼란스러운 마음을 당신이 아십니다. 제가 불안을 극복하고
문제들을 온전히 대면함으로써 평강을 찾을 수 있도록 도와주세요.
하나님이 나와 함께 하시고 늘 용기를 주신다는 사실을
믿게 해 주시고 그것을 일상의 삶에서 실천할 수 있도록
도와주십시오. 오늘도 주님의 평강으로 제 생각과 마음을
지켜주세요. 예수님의 이름으로 기도합니다. 아멘

내가 겪고 있는 불안은 무엇이며 회피하는 방법은 무엇입니까?

나누기

1. 위의 말씀 중에 내 마음에 가장 의미 있게 다가온 말씀을 나누어 봅시다.

2. 그 이유는 무엇입니까?

3. 쓰고 읽으면서 내 몸과 마음에 느껴지는 것은 무엇입니까?

   (변화가 있었다면 그것을 나누어 봅시다.)

4. 나에게 주시는 새로운 깨달음이 있다면 그것은 무엇입니까?

   (버려야 할 것들과 새롭게 가져야 할 것들을 자신의 말로 써 봅시다.)

5. 변화와 성장을 위해, 계속 쓰고 묵상하고 싶은 말씀을 나누어 봅시다.

내 안에 있는 불안을 인정하고
그 원인을 알아보기

우리의 삶 속에서 나를 짓누르는 두려움이 어디서 왔는가를 아는 것은 중요하다. 어린 시절의 환경, 나만이 겪었던 특별한 상황들, 충격적인 트라우마 등을 살펴보며 **나를 이해하는 것**은 치유의 첫 단추를 꿰는 것이다. 세계적인 치유 설교자 찰스 스탠리(Charles Stanley) 박사는 자신의 저서 '상한 마음을 위한 클리닉'에서 그가 느꼈던 두려움에 대해 이렇게 썼다.

"나의 유년 시절은 혼란의 연속이었다. 예측할 수 없는 일들이 계속 일어났다. 나는 미래에 대한 자신도 없었다. 어린 시절의 이런 불안과 두려움에는 네 가지 원인이 있었다."

그는 그 네 가지 원인으로 어린 시절의 극심한 가난, 17번의 이사, 어머니의 과잉보호, 하나님을 조금이라도 거역하면 채찍을 가하는 엄격한 심판자로 이해한 것 등을 들었다. 어린 시절에 불안을 가져왔던 원인과 자신 안에 들어 있는 불안의 정도를 바로 아는 것은 치유를 위해 매우 중요한 일이다. 특히 어린 시절의 잦은 이사나 가난, 부모의 심한 싸움, 역기능적인 가정환경, 전쟁과 재해, 트라우마에 노출된 환경 등은 우리로 하여금 불안과 근심, 두려움을 갖고 살아가도록 하는 주된 원인이 된다. 확실하게 그 원인을 알았다면, 지금의 나를 비난하고 비하시켜 죄책감에 시달리기 보다는 유익한 말씀을 붙잡아, 그 말씀의 능력이 어린 시절의 어두운 영향을 사라지게 할 수 있도록 해야 한다.

여호와는 나의 빛이요 나의 구원이시니 내가 누구를 두려워하리요. 여호와는 내 생명의 능력이시니 내가 누구를 무서워하리요.
너는 여호와를 기다릴지어다. **강하고 담대하며 여호와를 기다릴지어다.** (시 27:1, 14)

너는 갑작스러운 두려움도 악인에게 닥치는 멸망도 **두려워하지 말라.** 대저 여호와는 네가 의지할 이시니라. 네 발을 지켜 걸리지 않게 하시리라. (잠 3:25~26)

두려워하지 말라 **내가 너와 함께 함이라.** 놀라지 말라 나는 네 하나님이 됨이라. 내가 너를 굳세게 하리라. 참으로 너를 도와주리라. 참으로 나의 의로운 오른손으로 너를 붙들리라. (사 41:10)

나의 안에 거하라. 나는 네 하나님이니 모든 환란 가운데 너를 지키는 자라. **두려워하지 말라.** 내가 널 도와주리니 **놀라지 말라. 네 손 잡아 주리라.** 내가 너를 지명하여 불렀나니 너는 내 것이라. 내 것이라. 너의 하나님이라. 내가 너를 보배롭고 존귀하게 여기노라. **너를 사랑하는 네 여호와라.** (복음성가 중에서)

잘못된 생각과 신념들을
건강한 생각으로 바꾸기

불안이나 두려움 때문에 고통당하는 사람들은 대부분 **공통적으로 비합리적인 사고들**을 가지고 있다. 크리스천들도 예외는 아니다. 우리로부터 기쁨과 만족, 즐거움을 빼앗아가고 고통과 두려움을 가져다주는 **잘못된 생각을 먼저 알아내어** 바꾸는 것은 치유의 중대한 작업이다. 아래의 항목을 보며 우리의 잘못된 신념이 무엇인지 알아보자. (표시해서 나누기)

(   ) 1. 하나님은 나를 사랑하시지 않는다. **사랑하신다면** 왜 이 두려움을 그대로 두시는가?

(   ) 2. 내가 훌륭한 크리스천이라면 이처럼 **많은 걱정**은 하지 않을 것이다.

(   ) 3. 나의 어떤 노력도 효과가 없었다. 계속해서 걱정과 불안을 느끼고 있으니 **나에게는 소망이 없다.**

(   ) 4. 나는 불안한 감정을 견딜 수 없기에 가능한 한 불안, 초조, 걱정을 **느끼지 않도록** 해야만 한다. 미리 방지하는 것이 최고다.

(   ) 5. 나의 머리와 마음속은 혼란스러워 그 안에 **진리의 말씀**이 들어올 자리가 없다.

(   ) 6. 나는 사람들 앞에 설 때면, 심장의 박동이 빨라지고 손에서 땀이 나며 제대로 숨을 쉴 수가 없다. **꼭 죽을 것만 같다.**

( ) 7. 하나님은 수많은 사람의 기도를 들으셔야 하기에 나 같은 사람의 기도를 자세하게 들으실 수 없다. 지금 내가 당하고 있는 고통과 불안과는 **상관이 없으신 것 같다.**

위에 열거된 잘못된 생각들이 시시때때로 나를 괴롭히지 않는가? 그 생각들은 불안과 두려움을 더 심각하게 만들어 포기와 낙망으로 우리를 이끌어 간다. 또한 불안에 우울함까지 겹쳐 상승작용이 일어나면, 더욱 **깊은 절망 속으**로 우리를 빠져들게 할 수 있다.

그러나 시작은 지금부터다. 잠깐 멈추고 이런 생각들로 바꾸어 보자. "나는 할 수 있어. 이 **두려움을 직면하고 반드시 변화될 수 있다고.** 승리한 사례들이 많다는 것을 알고 있어. 나보다 심한 사람도 고침을 받았다고 간증한 것을 들었어. **주님 안에서는 모든 것이 가능해.** 하나님은 반드시 내 기도를 들으시고 치유해 주실 것을 확신해. **나는 할 수 있다고.**"

나를 불안하게 하는 잘못된 생각들이 올라올 때마다 잠깐 멈춰 긍정적이며 가능성 있는 생각으로 바꾸어 보자. 잘못된 생각인 줄 알면서도 끌려가는 것은 이제 그만이다. 거기서 멈춰야 한다. 대신 **진리의 말씀에 마음을 열어라.** 그 **말씀을 묵상하라.**

> 너는 두려워하지 말라. 내가 너를 구속하였고 내가 너를 지명하여 불렀나니 너는 내 것이라. 네가 물 가운데로 지날 때에 **내가 너와 함께 할 것이라.** 강을 건널 때에 물이 너를 침몰하지

못할 것이며 네가 불 가운데로 지날 때에 타지도 아니할 것이요 불꽃이 너를 사르지도 못하리니 대저 나는 여호와 네 하나님이요 이스라엘의 거룩한 이요 **네 구원자임이라.** (사 43:1~3)

내 영혼아 네가 어찌하여 낙심하며 어찌하여 내 속에서 불안해하는가. 너는 하나님께 소망을 두라. **나는 그가 나타나 도우심으로 말미암아** 내 하나님을 여전히 찬송하리로다. (시 42:11)

너는 갑작스러운 두려움도 악인에게 닥치는 멸망도

두려워하지 말라. 대저 여호와는 네가 의지할 이시니라.
네 발을 지켜 걸리지 않게 하시리라. (잠 3:25~26)

내가 사망의 음침한 골짜기로 다닐지라도 해를 두려워하지
않을 것은 주께서 나와 함께하심이라. **주의 지팡이와
막대기가 나를 안위하시나이다.** (시 23:4)

사랑의 하나님. 내 안에 있는 불안과 그것을 더욱 조장하는
그릇된 생각을 버리지 못하는 제 모습이 너무나 싫습니다.
이미 그 생각들은 너무 오랫동안 제 마음에 박혀있어서
주님의 도움 없이는 내어 버리기가 힘듭니다.
성령님, 함께 하셔서 깨닫게 해 주십시오. 용기를 주셔서
버려야 할 생각을 과감하게 버리도록 도와주시옵소서.
주님 주신 용기와 사랑으로 넉넉히 이기게 하옵소서.

예수님의 이름으로 기도합니다. 아멘

서로 나누기

1. 우리에게 있는 비합리적인 생각은 무엇이며, 언제부터 그 생각이 자리 잡게 되었을까요?

2. 그 생각을 물리칠 수 있는 성경구절을 찾아 나누어 봅시다.

더 큰 사랑으로 두려움 물리치기

두려움이 허상인 줄 알면서도 그것에 쫓기며 피해 다니거나, 그런 의식조차도 없이 두려움에 얽매어 살아가는 이들에게 가장 필요한 치료약은 **실제로 느껴지는 안정감 있는 사랑**이다. "온전한 사랑이 두려움을 내쫓나니…."(요일 4:18) 더 큰 사랑, 더 신뢰할 수 있고 **진정한 지지세력이 되는 사랑**이 경험되면서 두려움은 그 자취를 감추기 시작한다. 인간의 사랑은 늘 상대의 기대치를 맞춰야 되는 제한적 사랑이지만 주님의 사랑은 무조건적이며, 끊임없이 주며, 희생적이고, 흘러넘치는 사랑이다.

> 사랑 안에 두려움이 없고 **온전한 사랑이 두려움을 내어쫓나니** 두려움에는 형벌이 있음이라. 두려워하는 자는 사랑 안에서 온전히 이루지 못하였느니라. (요일 4:18)

여호와는 나의 힘과 나의 방패이시니 **내 마음이 그를 의지하여 도움을 얻었도다.** 그러므로 내 마음이 크게 기뻐하며 내 노래로 그를 찬송하리로다. (시 28:7)

나를 사랑하는 자들이 **나의 사랑을 입으며** 나를 간절히 찾는 자가 나를 만날 것이니라. (잠 8:17)

나의 계명을 지키는 자라야 나를 사랑하는 자니 나를 사랑하는 자는 내 아버지께 사랑을 받을 것이요 **나도 그를 사랑하여 그에게 나를 나타내리라.** (요 14:21)

하나님의 형상으로 지어진 우리 인간의 내면에는 하나님과 사랑을 주고받으며, 그분과의 교제 가운데 **내 안에 하나님의 형상을 회복하고자 하는 갈망**이 있다. 그러나 어떤 사람들은 그 깊은 갈망을 제대로 이해하지 못한 가운데 채워질 수 없는 곳에서 갈망을 채우려 하다 실망과 낙심으로 지쳐버린다.

그러나 그 어떤 것도 끊을 수 없는 주님의 사랑 안에서 **영원한 기쁨과 즐거움을 경험할 때, 내 안은 두려움 대신 충만한 존재감으로 채워진다.** 주님의 사랑은 기쁨과 감사를 가져온다. 그러므로 그 사랑은 깊이 경험하면 할수록 내 삶에 더 큰 위력을 나타낸다. 그로인해 내 영혼 깊은 곳에서 흘러나오는 기쁨은 하나님과의 관계회로를 열어줘 **두려움과 공포 대신 감사와 만족**을 가져다 준다. 주님의 사랑과 구속의 십자가는 두려움으로부터 우리를 해방시킨다. 또한 나의 진정한 정체성을 깨닫게 해 나로 하여금 진정한 안정을 느끼게 한다.

여호와의 인자하심과 인생에게 행하신 기적으로 말미암아
그를 찬송할지로다. **그가 사모하는 영혼에게 만족을 주시며**
주린 영혼에게 좋은 것으로 채워주심이로다. (시 107:8~9)

하나님이 우리에게 주신 것은 두려워하는 마음이 아니요
오직 **능력과 사랑과 절제하는 마음**이니 (딤후 1:7)

하나님이 이르시되 **그가 나를 사랑한즉 내가 그를 건지리라.** 그가 내 이름을 안즉 내가 그를 높이리라. (시 91:14)

하나님이 우리를 사랑하시는 사랑을 우리가 알고 믿었노니 하나님은 사랑이시라. **사랑 안에 거하는 자**는 하나님 안에 거하고 하나님도 그의 안에 거하시느니라. (요일 4:16)

우리에게 필요한 사랑은 이웃의 사랑, 공동체의 사랑 등 누군가로부터의 실제적인 사랑이다. 어린 시절부터 채워지지 못한 사랑과 인정의 욕구는 커서라도 누군가에 의해 반드시 채워져야 하는 욕구다. 그러므로 **나를 이해하며 수용해주고, 지지해 줄 수 있는 사람과 이야기를 나누라.** 서로의 아픔과 기쁨, 감사를 함께 나누며 친밀감을 누려보자. 물론 상대방도 한계가 있겠지만, **서로 이**

해하며 사랑을 주고받을 때, 서로 사랑으로 채워질 때, 두려움은 더 이상 위력을 발휘하지 못한다. 주위에 두려움으로 힘들어 하는 사람이 있다면 그들을 마음 깊이 수용하고, 공감하며, 아낌없이 사랑을 주라. '주는 사랑' 역시 기쁨을 동반하는 사랑이기에 상대 뿐 아니라 나의 두려움도 줄여준다.

예수께서 이르시되 네 마음을 다하고 목숨을 다하고 뜻을 다하여 **주 너의 하나님을 사랑하라** 하셨으니 이것이 크고 첫째 되는 계명이요 둘째도 그와 같으니 네 이웃을 네 자신 같이 사랑하라 하셨으니 (마 22:37~39)

그의 형제를 사랑하는 자는 빛 가운데 거하여 **자기 속에 거리낌이 없으나** (요일 2:10)

너희가 진리를 순종함으로 너희 영혼을 깨끗하게 하여

거짓이 없이 형제를 사랑하기에 이르렀으니 마음으로
뜨겁게 서로 사랑하라. (벧전 1:22)

사랑하는 자들아 **우리가 서로 사랑하자.** 사랑은 하나님께
속한 것이니 사랑하는 자마다 하나님으로부터 나서
하나님을 알고 사랑하지 아니하는 자는 하나님을
알지 못하나니 이는 하나님은 사랑이심이라. (요일 4:7~8)

하나님, 당신의 그 무한한 **사랑과 위로만이** 나를 괴롭히는
두려움을 사라지게 할 수 있음을 믿습니다. 오늘 그 사랑으로
용기와 확신을 얻을 수 있도록 도와주십시오. 저와 함께
하시며 힘주시기를 기도합니다. 위로와 사랑의 하나님, 주님의
강한 사랑으로 저의 두려움을 몰아내 주시고, 제가 두려움과의

싸움에서 끝내 이기게 하옵소서.

나누기

1. 위의 말씀 중에 내 마음에 가장 의미 있게 다가온 말씀을 나누어 봅시다.

2. 그 이유는 무엇입니까?

3. 쓰고 읽으면서 내 몸과 마음에 느껴지는 것은 무엇입니까?

 (변화가 있었다면 그것을 나누어 봅시다.)

4. 나에게 주시는 새로운 깨달음이 있다면 그것은 무엇입니까?

 (버려야 할 것들과 새롭게 가져야 할 것들을 자신의 말로 써 봅시다.)

5. 변화와 성장을 위해, 계속 쓰고 묵상하고 싶은 말씀을 나누어 봅시다.

영적인 자원들을 사용하라

　　　　　　　　　모세는 하나님께서 그에게 "이스라엘 백성을 구하러 가라"고 말했을 때, 심히 불안하고 초조했다. 너무나 불안해 세 번이나 하나님께 물으며 저항했다. 심지어 "나는 입이 뻣뻣하고 둔한 자"라며 하나님의 명령에 반기를 들려 했다. 그러나 모세는 믿음의 사람이었다. 믿음이 그를 담대하게 만들었다. 그는 결국 극심한 두려움을 떨치고 믿음으로 바로에게 나아가 "나의 백성을 가게 하라"고 담대하게 외칠 수 있게 되었다.

　이처럼 하나님께 대한 확실한 믿음은 불안과 초조함을 뛰어넘어 담대한 행동을 하게 만든다. 성경에는 **믿음으로 불안을 이기고 담대하게 일어나 믿음으로 불가능을 가능으로 바꾼** 수많은 사람들이 행한 위대한 역사들이 기록되어 있다. 그렇다. **모세와 여호수아처럼 더 큰 믿음을 가질 때**, 두려움과 초조와 불안을 뛰어넘어 하나님의 뜻을 이루는 도구가 될 수 있다. 윌리엄 바커스는 이렇게 말한다.[9]

　"자신을 두렵게 만드는 그 일을 보지 말고 **하나님의 부르심을 보라**. 그리고 앞으로 나아가 **두려움 앞에 자신을 내어 놓고 과감하게 껴안는 스스로를 상상하**

라. 즉시 실천해 보라. 믿음은 이것을 가능하게 한다. 하나님은 당신 반대편이 아니라 당신 편에 서 계시다. 하나님은 당신의 믿음을 높이 여겨 주신다. 당신은 그 하나님 안에서 **안전하고 괜찮다.** 그 안에 거하면 불안이 당신을 다치게 할 수 없다. (…중략) 진정한 믿음은 행동으로 나타난다."

우리가 그 안에서 그를 **믿음으로 말미암아 담대함과 확신을 가지고** 하나님께 나아감을 얻느니라. (엡 3:12)

여호와는 나의 빛이요 나의 구원이시니 **내가 누구를 두려워 하리요.** 여호와는 내 생명의 능력이시니 내가 누구를 무서워하리요. (시 27:1)

아버지여, 아버지께서 내 안에, 내가 아버지 안에 있는 것 같이 **그들도 다 하나가 되어 우리 안에 있게 하사** 세상으로 아버지께서 나를 보내신 것을

믿게 하옵소서. 내게 주신 영광을 내가 그들에게
주었사오니 이는 우리가 하나가 된 것 같이
그들도 하나가 되게 하려 함이니이다. (요 17;21~22)

_____

_____

_____

_____

_____

'하나님이 함께 하심으로 나는 혼자가 아니고 그분이 나를 도우시며 인도하신다' 는 기본적인 믿음은 우리를 두려움으로부터 승리하게 한다. 사도 바울의 서신에서 "주님이 우리와 함께 하신다"는 구절이 90번 이상이나 나온다. 포도의 가지인 우리들은 포도나무이신 그분에게 늘 붙어서 살아야 한다. 그럼으로써 나무가 공급해 주는 양분을 받아 풍성한 삶을 누릴 수 있게 된다.

찰스 스탠리 목사는 '상한감정 클리닉'에서 갑작스런 공포나 근심에 쌓일 때, 혹은 근심과 불안 때문에 마음이 떨리고 괴로울 때면 이렇게 고백했다고 썼다.

"하나님 아버지, 당신은 저의 모든 필요를 채워 주신다고 약속하셨습니다. 당신은 제 속에 거하신다고 말씀하셨습니다. 당신은 **제가 어떤 일을 당해도 잘 대처할 수 있도록 도와주신다고** 하셨습니다. 사도 바울은 '내게 능력주시는 자 안에서 내가 모든 것을 할 수 있느니라'(빌 4:13)고 고백 했습니다. 때론 당신이 멀리 있는 것처럼 느껴집니다. 제가 어느 길로 가야할지 도무지 모르겠습니다. 정말 어찌해야 할 지 모르겠습니다. 그럼에도 **성경 말씀에 근거해서 당신을 의지합니다.** 당신은 저와 함께 하시겠다고 분명히 약속하셨습니다. **하나님, 당신을 믿습니다. 당신이 이 상황에서 저를 도와주시리라 믿습니다.**" [10]

스탠리 목사는 두려움이 엄습해 올 때마다 늘 이렇게 하나님께 부르짖으며 기도했다. 그 결과로 그는 주님이 주시는 **놀라운 평안과 안식**을 얻었다. 그러면서 인생의 유일한 안식처 되시는 은혜와 사랑의 하나님을 발견했다고 기록했다. 이처럼 **진심으로 드리는 간절한 기도**는 일순간에 우리의 불안과 두려움을 쫓아 버릴 수 있다. 진심으로 반복해서 기도하면 우리의 기존 생각이나 신념이 변화된다. 기도 가운데 깊은 묵상을 하는 행위는 우리의 인지력을 변하게 만든다. **두려움은 허상에 불과하며 결코 실제가 아님을 늘 기억해야 한다.** 아래의 기도를 읽고, 나의 표현으로 바꿔 간단히 적어보자.

> 내가 슬퍼할 때 함께하시며, 통곡을 들으시며 위로하시는 주님,
> 당신은 **슬픔과 고통은 한 순간에 불과하고 그 뒤에는 영원한 기쁨이 있다**는 것을 알게 하셨습니다. 깊은 고통을 겪고 나면 기쁨을

경험하는 능력도 커진다는 것을 알게 하셨습니다.

주님, 지금은 비록 **두려움**이 나를 엄습해 오지만 곧 당신의 **사랑과 평강**이 나를 점령할 것을 알고 있습니다. 이 사실을 알게 하신 주님께 감사와 영광을 올려 드립니다.

여호와의 말씀이니라. 너희를 향한 나의 생각을 내가 아나니 **평안이요 재앙이 아니니라**. 너희에게 미래와 희망을 주는 것이니라. 너희가 내게 부르짖으며 내게 와서 기도하면 내가 너희들의 기도를 들을 것이요 너희가 온 마음으로 나를 구하면 나를 찾을 것이요 나를 만나리라. (렘 29:11~13)

주는 평화 막힌 담을 모두 허셨네. 주는 평화
우리의 평화. 주는 평화 막힌 담을 모두 허셨네.
주는 평화 우리의 평화. **염려 다 말기라** 주가
돌보시니 주는 평화 우리의 평화. (복음성가 중에서)

우리가 그 안에서 그를 믿음으로 말미암아 **담대함과
확신을 가지고** 하나님께 나아감을 얻느니라. (엡 3:12)

두려움은 신체적인 아픔을 동반하고 있기에 심호흡, 이완운동, 걷기, 요가와 같은 신체 활동을 하는 것은 **몸의 평안과 마음의 평강**에 많은 도움이 된다. 그런데 여러 운동과 심리적인 여러 방법들이 진정한 위력을 발휘하려면 능력과 확신의 말씀을 지녀야 한다. 성경에는 **"두려워 말라"**는 메시지가 무려 300번 이상 나온다. 이를 통해 주님은 당신의 자녀들이 불안과 근심에 얽매어 사는 것을 원치 않으신다는 사실을 알 수 있다. 불안과 근심을 주께 맡기라. 그분은 우리가 **평강과 사랑, 소망 가운데 살기 원하신다.** 성경에는 우리를 **홀로 두지 않으시고, 늘 지켜주시며, 돌보시고, 위로하시며, 인도하신다**는 소망의 말씀들이 너무나 많다. 성경을 읽다 특별히 나에게 다가온 말씀, 은혜가 되는 설교 말씀, 감동을 주는 기도문을 읽고 쓰자. 감동이 되는 복음성가를 부르자. 그러면 어느 순간 **불안은 사라지고 안정과 평안이 찾아옴**을 경험할 것이다. 그럼으로써 찾아오는 믿음과 확신을 삶 속에서 구사해 보라. 특히 두려운 생각이 들 때마다 위로와 안정이 되는 말씀을 기억하라. 말씀을 읽고, 쓰는 가운데 두려운 생각은 사라질 것이다. 이제 더 이상 고통과 불안에 머물 필요가 없다. "두려워 말라"는 하나님의 선한 약속을 믿자. 소망을 품고 더 나은 희망의 세계로 들어가자.

> 주께서 너희 마음을 인도하여 **하나님의 사랑과 그리스도의 인내**에 들어가게 하시기를 원하노라. 평강의 주께서 친히 때마다 일마다 너희에게 **평강을 주시고** 주께서 너희 모든 사람과 함께 하시기를 원하노라. (살후 3:5, 16)

그는 창조주 아버지, 나는 그의 소유!
내가 어느 곳을 가더라도 그는 날 떠나지 않죠.
내 이름 아시며, 내 모든 생각도 아시네
내 흐르는 눈물을 아시며, 내 소리를 들으시네. (복음성가 중에서)

하나님, 저는 지금 힘겨운 골짜기를 지나고 있습니다.
때로는 두려움에 마음이 무너질 것 같습니다.
그럴 때마다 **임재의 하나님**을 기억하게 하십시오.
고통의 순간마다 하나님이 함께 하심을 잊지 않게 하소서.

주님, 정말 여기에 계신 건가요? 제 옆에서 가까이 걸어 주세요.
저에게는 **주님의 보호**가 필요합니다. 주님의 사랑이 필요합니다.
예수님의 이름으로 기도 합니다. 아멘.

나누기

1. 위의 말씀 중에 내 마음에 가장 의미 있게 다가온 말씀을 나누어 봅시다.

2. 그 이유는 무엇입니까?

3. 쓰고 읽으면서 내 몸과 마음에 느껴지는 것은 무엇입니까?

   (변화가 있었다면 그것을 나누어 봅시다.)

4. 나에게 주시는 새로운 깨달음이 있다면 그것은 무엇입니까?

   (버려야 할 것들과 새롭게 가져야 할 것들을 자신의 말로 써 봅시다.)

5. 변화와 성장을 위해, 계속 쓰고 묵상하고 싶은 말씀을 나누어 봅시다.

두려움에 대한 우리들의 이야기를 쓰고 나누기

두려움에 빠져 힘들었던 시절의 이야기, 말씀을 통해

그 두려움을 극복했던 과정의 이야기, 이후 변화되어 살아가는 이야기를 써보자.

Part 3

분노의
이해와
치유

분노의 이해와 치유

　　　　　　　　　　분노는 모든 사람이 가지고 있는 감정으로 자신과 주위의 삶, 관계에 많은 영향을 미친다. 분노는 잘 다스려져 건전하게 표현되면 삶의 좋은 에너지가 되지만 **잘못 폭발되면 주위 사람들에게 심각한 상처를 입히고 관계를 깨지게 만든다.** 분노는 쉽게 알아차리기 어려운 감정으로 좌절, 초조, 성가심, 화냄, 조바심 등으로 나타난다. 이처럼 분노는 다양하게 표현되며 그것을 유발하는 요인들도 복잡하다.

　　분노할 때, 사람의 신체 기관들이 긴장한다. 몸속의 아드레날린이 증가하면서 분노하는 사람의 몸은 폭력적인 방향으로 나아가게 된다. 눈에 힘이 들어가고 손과 팔의 근육이 뭉치면서 긴장하게 된다. 또한 두뇌의 사고기능이 쉽게 부정적으로 반응하고 정상적인 판단기관이 마비되기도 한다. 그래서 화가 심해지면 쉽게 비이성적으로 행동하거나 심각한 사고를 일으킨다. 그러므로 **분노를 잘 이해하고 다스리며 원만하게 잘 표현하는 것**은 참으로 중요한 일이다. 먼저 말씀을 읽고 써보자.

　　　　이제는 너희가 이 모든 것을 벗어 버리라 곧 **분함과**

노여움과 악의와 비방과 너희 입의 부끄러운 말이라. (골 3:8)

분을 그치고 노를 버리며 불평하지 말라.

오히려 악을 만들 뿐이라. (시 37:8)

마음이 경건하지 아니한 자들은 **분노를 쌓으며** 하나님이 속박할지라도 도움을 구하지 아니하나니 하나님은 **곤고한 자를 그 곤고에서 구원하시며** 학대 당할 즈음에 그의 귀를 여시나니 (욥 36:13, 15)

하나님, 저는 사랑하는 주위 사람들과 이웃들에게 많은 상처를 줬습니다. **분노를 다스리지 못해 돌이킬 수 없는** 말을 했고, 과민하게 반응하여 그들에게 좌절을 줬습니다. 이 모든 것들을 회개합니다. **변화받기를 진심으로 원합니다.**

말씀과 기도로 변화의 능력을 주옵소서. 예수님의 이름으로 기도합니다.

먼저 자신의 **분노를 인정하고 이해하는 것**은 치유와 변화라는 측면에서 특별히 중요한 시작점이 된다. 사람들 대부분은 분노를 건강하게 다루는 방법을 배우지 못했다. 많은 이들이 성장과정에서 부모와 형제들로부터 받은 **잘못된 방법과 습관을 지닌 채 삶을 살고 있다.** 그래서 어린 시절에 어떤 환경 속에서 자랐는지, 부모의 정서적 표현들은 건강했는지, 좌절이나 억눌림을 어떻게 표현했는지 등의 요인들을 이해하는 것은 매우 중요하다. 자녀들은 어릴 때, 부모의 공격성을 보면 놀라고 공포를 느끼면서도 자신도 모르게 부모의 행태들을 배운다. 특히 어린 시절에 학대를 가하는 환경, 부모의 갈등이나 완벽주의 성향, 억압적이며 가난한 환경, 폭력적 분위기 등에 노출됐던 사람들에게는 자신도 모르는 **'분노의 샘'**이 있고, 그 샘으로부터 자동적으로 분노가 솟구치는 것을 알아야 한다.

노하기를 속히 하는 자는 어리석은 일을 행하고

악한 계교를 꾀하는 자는 미움을 받느니라. (잠 14:17)

돌은 무겁고 모래도 가볍지 아니하거니와 **미련한 자의 분노**는 이 둘보다 무거우니라. (잠 27:3)

노를 품는 자와 사귀지 말며 울분한 자와 동행하지 말지니 그의 행위를 본받아 **네 영혼을 올무에 빠뜨릴까** 두려움이니라. (잠 27:3)

하나님, 저에게는 저도 모르는 분노의 샘이 있음을 고백합니다. 아무런 생각 없이 화를 내고 난 뒤엔 비참한 심정으로 금방 후회합니다. 이 어린아이와 같이 분노를 조절하지 못함과 어리석음을 어떻게 해야 할까요? 오늘은 이 **피로운 마음까지도 주께 내려놓습니다. 반복되는 실수를 더 이상 자행하지 않도록 성령님께 의탁합니다.** 부디 저를 깨워주시옵소서.

예수님의 이름으로 기도합니다.

나누기

1. 위의 말씀 중에 내 마음에 가장 의미 있게 다가온 말씀을 나누어 봅시다.

2. 그 이유는 무엇입니까?

3. 쓰고 읽으면서 내 몸과 마음에 느껴지는 것은 무엇입니까?

   (변화가 있었다면 그것을 나누어 봅시다.)

4. 나에게 주시는 새로운 깨달음이 있다면 그것은 무엇입니까?

   (버려야 할 것들과 새롭게 가져야 할 것들을 자신의 말로 써 봅시다.)

5. 변화와 성장을 위해, 계속 쓰고 묵상하고 싶은 말씀을 나누어 봅시다.

거절과 상처

다른 사람들로부터 거절을 당했다고 느끼며 지속적으로 상처를 받게 되면, 자신은 무가치한 존재라고 생각하게 된다. 특히 친밀했던 사람들이 나를 거절했다고 느끼면, 일반적으로는 나 역시 그들을 **거부함으로써 자신을 지지하고 보강하려고** 한다. 이때 내면에서 **분노와 적대감**이 일어난다. 비판이나 굴욕, 평가절하를 당했다고 느낄 때에도 분노가 일어난다.

거절감으로 분노를 발하면 일시적으로는 기분이 나아지고 자신을 공격으로부터 지켜주는 것 같다. 그러나 이런 방법은 인간관계의 상처를 치료하는 데는 도움이 되지 않는다. 오히려 **역효과를 가져 온다.** 시간이 갈수록 자신에게도, 주위 사람에게도 **불쾌한 영향**을 미치게 되는 것이다. 그렇게 **통제하지 못하고, 자주 표현되어진 분노**는 시간이 간다고 줄어들지 않고 오히려 습관이 되어 자신도 모르게 주위 사람들을 괴롭히는 심각한 상태로 발전한다. 그러므로 분노의 통제는 너무나 중요하다.

분을 내어도 죄를 짓지 말며 해가 지도록 분을 품지

말고 마귀에게 틈을 주지 말라. (엡 4:26~27)

분을 그치고 노를 버리며 불평하지 말라. 오히려 악을 만들 뿐이라. (시 37:8)

급한 마음으로 노를 발하지 말라. 노는 우매한 자들의 품에 머무름이니라. (전 7:9)

하나님, 분노가 두렵고 싫습니다. 그러나 피할 수 없다는 것도 알고 있습니다. 저의 분노를 먼저 인정함으로 그것을 **건전하게 표현할 수 있도록** 도와주십시오. 분노가 올라올 때엔 주님을 생각하며 **잠시 멈추고 안정을 찾아 파괴적으로 되지 않게 하소서.** 제 인생에 변화와 성장이 있게 도와주십시오. 예수님의 이름으로 기도합니다.

수동적 공격과 분노의 표출

흔히 억제되고 묻어둔 분노는 수동성과 공격성을 동시에 드러내는 '수동적 공격(passive-aggression)'으로 표현되어 진다. 공개적으로는 표현할 수 없는 분노를 지체, 방해, 고집, 의도적인 비능률성 등으로 나타내는 것이다. 수동적 공격을 사용하는 사람들은 자신의 동기 속에 적의가 숨어 있다는 것을 의식하지 못한 채, **교묘하게 보복하는 방법으로 공격을 가한다.** 예를 들어, 이를 사용하는 사람들은 무슨 일에든 은근히 반대를 한다. 또한 단순한 일을 어렵게 함으로써 지체하게 만들기도 하고, 만성적으로 늦거나 꾸물거리며, 겉으로는 협조적으로 보이나 실제로는 은근히 방해하는 등의 해를 끼친다. 이는 **가정에서도 흔히 보이는 패턴이다.** 부모는 자녀에게 잘해주는 것처럼 보이다가도 트집을 잡고, 괜한 것에 야단을 친다. 자녀 또한 부모가 싫어하는 행동을 일부러 함으로써 은근히 부모를 괴롭힌다. 또한 말로는 하는 것처럼 보이지만 행동은 다르게 해서 이해할 수 없도록 한다. 이 **수동적 공격은 잘못된 분노의 표출로** 가정과 사회는 물론 교회에서도 의외로 많이 일어나고 있다. 그릇된 분노 표현인 이 현상은 **사람의 성격을** 스스로도 모르게 무너뜨리기에 반드시 **수정과 개조를** 해야 한다.

너희는 모든 악독과 노함과 분냄과 떠드는 것과 비방하는 것을
모든 악의와 함께 버리고 **서로 친절하게 하며 불쌍히 여기며**
서로 용서하기를 하나님이 그리스도 안에서 너희를 용서하심과
같이 하라. (엡 4:31~32)

이제는 너희가 **이 모든 것을 벗어 버리라.** 곧 분함과 노여움과
악의와 비방과 너희 입에 부끄러운 말이라. (골 3:8)

육체의 일은 분명하니 곧 음행과 더러운 것과 호색과 우상 숭배와
주술과 원수 맺는 것과 **분쟁과 시기와 분냄과** 당 짓는 것과 분열함과
이단과 투기와 술 취함과 방탕함과 또 그와 같은 것들이라. (갈 5:19~20)

하나님, 제가 일상의 삶을 위선적으로 살지 않게 하소서. 속으로는 미워하면서 좋아하는 척하는 거짓을 버리게 하시고 마음의 분함을 교묘하게 꾸미며 표현하지 않게 하소서. **진실하기 원합니다.** 내 감정을 속이지 않고, 그대로 드러내면서도 다른 사람에게 상처가 되지 않도록 깊이 생각하며 무엇보다 **주님이 주신 지혜와 지식을** 사용하게 하소서. 다른 사람을 이해하고 수용할 수 있는 마음을 주십시오. 예수님의 이름으로 간절히 기도합니다. 아멘

나누기

1. 위의 말씀 중에 내 마음에 가장 의미 있게 다가온 말씀을 나누어 봅시다.

2. 그 이유는 무엇입니까?

3. 쓰고 읽으면서 내 몸과 마음에 느껴지는 것은 무엇입니까?

    (변화가 있었다면 그것을 나누어 봅시다.)

4. 나에게 주시는 새로운 깨달음이 있다면 그것은 무엇입니까?

    (버려야 할 것들과 새롭게 가져야 할 것들을 자신의 말로 써 봅시다.)

5. 변화와 성장을 위해, 계속 쓰고 묵상하고 싶은 말씀을 나누어 봅시다.

분노의 적절한 표현

성경은 분노를 **적절히 표현하지 못하고 억제**하면 오히려 죄가 되고 그 분노가 커질 수 있음을 경고하고 있다. 그러면서 대인 관계에서 **정직한 의사소통**을 하라고 권면한다.

> 그런즉 거짓을 버리고 각각 그 이웃과 더불어 참된 것을 말하라 이는 우리가 지체가 됨이라. **분을 내어도 죄를 짓지 말며** 해가 지도록 분을 품지 말고 마귀에게 틈을 주지 말라. (엡 4:25)

이 구절을 통해 우리는 **죄를 짓지 않고 분노를 표현해야 함**을 알 수 있다. 그러면 어떻게 죄를 짓지 않고 분노를 표출할 수 있을까? 가장 좋은 방법은 먼저 자신에게 분노가 있음을 인정하고 **잠시 쉬며 생각하는 시간을 갖는 것**이다. "하나, 둘, 셋"하며 호흡을 하고 잠시 쉬어도 좋다. 감정의 홍수로 전두엽이 마비되지 않게 하고 곧 정상적인 사고를 되찾도록 쉼의 시간을 갖는 것이다. 물론 타인이 나에게 잘못된 영향을 끼쳤다 하더라도 그것을 느끼고 표현하는 것은 **나에게 달려 있다.** 자신의 분노를 남 탓으로만 돌리며 적대적, 또한 과격하게 그 분노를 표현하는 것은 적절하지 않고 돌이킬 수 없는 치명적 결과를 불러일으킬 수 있다.

또한 "해가 지도록 분을 품지 말고"라는 말은 **분노를 오랫동안 쌓아두지 말고 빠른 시간 안에 표현해야 한다는 사실**을 의미한다. 성내는 것은 더디 해야 한다. 그러나 꼭 표현해야 할 분노는 **오래 눌러두지 않고 적절하게 밖으로 표출되어야** 하는 것이다. 이런 때에는 특히 상대방을 비난하거나 비하하지 않고 내가 지금 가지고 있는 느낌과 생각을 바르게 전달하는 것이 중요하다.

> 내 사랑하는 형제들아 너희가 알지니 사람마다 **듣기는 속히 하고 말하기는 더디 하며 성내기도 더디 하라.** 사람이 성내는 것이 하나님의 의를 이루지 못함이라. (약 1:19~20)

끝으로 형제들아 무엇에든지 참되며 무엇에든지 경건하며 무엇에든지 옳으며 무엇에든지 정결하며 무엇에든지 사랑

받을 만하며 무엇에든지 칭찬 받을 만하며 무슨 덕이 있든지 무슨 기림이 있든지 이것들을 생각하라. **너희는 내게 배우고 받고 듣고 본 바를 행하라.** 그리하면 평강의 하나님이 너희와 함께 계시리라. (빌 4:8~9)

미련한 자는 자기 행위를 바른 줄로 여기나 **지혜로운 자는 권고를 듣느니라.** 미련한 자는 당장 분노를 나타내거니와 슬기로운 자는 수욕을 참느니라. (잠 12:15~16)

유순한 대답은 분노를 쉬게 하여도 과격한 말은 노를 격동하느니라. (잠 15:1)

하나님, 제가 **분노를 감추고 위장하는 것을** 다른 사람들은
모르지만 주님은 알고 계십니다. 그것을 억누르고 없는 척 하는
것이 습관이 되었습니다. 하나님, 저를 불쌍히 여기시고 도와
주셔서 분노를 무조건 참기보다는 잠시 쉬면서 **적절하고 건강하게
표현하는 습관**을 갖게 하소서. 예수님 이름으로 기도합니다. 아멘

고백과 분노-건강한 대면

고백은 분노를 인정하면서도 분노에 사로잡히지 않은 가운데 누군가에게 표현하는 적절한 도구가 될 수 있다. **절친한 사람이나 주님께 분노를 고백해 보라. 이는 분노의 순수한 표현이다.** 고백은 먼저 고백하는 본인의 마음을 시원하게 한다. 또한 고백을 통해 자신의 필요와 동기, 잘못을 객관적으로 알 수가 있기에 더욱 유익하다. 이를 통해 잘못된 분노 표출로 범하는 더 큰 실수나 결과를 예방할 수 있다.

화가 났을 때 자신과의 대화(self-talk)를 통해 그 화의 원인을 자신에게 고백함으로써 분노의 감정이나 생각을 줄일 수 있다. '아, 왜 이렇게 화가 나는 것일까?' '나를 괴롭히는 그 친구(분노)가 또 왔군.' '아니야, **심호흡을 크게 한 번 하고** 다시 생각해 보자.' 이같이 간단한 자기와의 대화만으로도 분노 표현을 줄이고 생각할 시간을 만들 수 있다. 잠깐이지만 이렇게 함으로써 감정의 홍수에 빠진 전두엽을 쉬게 함으로 마구 분노를 표출하지 않게 할 수 있다.

여호와여 내 입에 파수꾼을 세우시고 **내 입술의 문**을 지키소서. (시 141:3)

책망할 것이 없는 바른 말을 하게 하라. 이는 대적하는 자로 하여금 부끄러워 우리를 악하다 할 것이 없게 하려 함이라. (딛 2:8)

유순한 대답은 분노를 쉬게 하여도 과격한 말은 노를 격동하느니라. (잠 15:1)

하나님, 제 안에 분노의 샘이 있음을 고백합니다. 너무도 민감하여 조그만 일에도 발끈하고 화를 내는 저를 불쌍히 여기소서. 분노하면 제 마음의 노래가 사라지고 기쁨도 빼앗깁니다. 자유와 평안이 없어집니다. 하나님, 제게 맹렬한 화 가운데서도 잠잠할 수 있는 용기를 주시고 **분노를**

바로 표현하기 전에 먼저 당신께 고백할 수 있는 힘을 주세요.
주님의 사랑으로 저를 더욱 강하게 해 주십시오.
예수님의 이름으로 기도합니다. 아멘.

나에게 상처를 준 사람에게 아픔과 분노의 마음을 고백하는 경우에는 더욱 **지혜가 필요**하다. 서로 상처를 주고받아 오히려 분노를 확장 시킬 수 있기에 이성적으로 서로의 입장에서 '득과 실'을 따져 보는 시간들이 필요하다. 서로에게 책임이 있다는 것을 **인정하고, 정직하게 마음을 열고 화해를 추구하며, 상호 존중하는 마음을 잃지 않는다면** 관계는 이전보다 더욱 좋게 될 것이다. 이때에도 적절하고 솔직한 고백은 효과를 발휘한다. 상대방을 비난하거나 정죄하지 않으면서도 '내 느낌이나 감정, 생각'을 솔직하게 고백하면 문제는 더 쉽게 해결된다.

'가까운 사이, 혹은 심각한 사연'일수록 상대방의 입장을 생각하며 서로의 역할을 바꿔 대면했을 때에 할 말들을 미리 연습해 보는 것이 필요하다. 곧 일인칭 대화법을 사용해 **적절한 감정표현과 문제해결을 위한 자신의 생각을 모아보는 것이다.**

일인칭 대화는 다른 사람을 비난하지 않는 가운데 **나의 감정이나 생각을 표현할 수** 있기에 유용하다. 자신의 입장에서 느낀 감정이나 생각을 고백하며, 대화의 진전에 따라 원하는 사항을 나의 입장에서 말할 수 있어 방어를 유발하지 않는 효과적 대화를 할 수 있다.

너희 말을 항상 **은혜 가운데서 소금으로 맛을 냄**과 같이 하라. 그리하면 각 사람에게 마땅히 대답할 것을 알리라. (골 4:6)

내가 이르노니 너희는 **성령을 따라 행하라.** 그리하면 육체의 욕심을 이루지 아니하리라. (갈 5:16)

성도들의 인내가 여기 있나니 그들은 **하나님의 계명과**

예수에 대한 믿음을 지키는 자니라. (계 14:12)

하나님, 저는 지금도 가까운 사람들에게 상처를 주고받습니다.
상대방의 생각이나 입장을 헤아리기보다 비난이나 원망이
앞서기 때문입니다. **용기와 지혜를 주셔서 이러한 패턴에서
벗어나게 하소서.** 먼저 주님께 고백하며 인내하게 하시며
주님의 평강으로 저를 잠재워 주소서.
제 눈을 열고 마음이 넓어지게 해 주십시오.
각 사람을 이해하며 그들의 장점을 보게 하소서.
예수님의 이름으로 기도합니다. 아멘.

나누기

1. 위의 말씀 중에 내 마음에 가장 의미 있게 다가온 말씀을 나누어 봅시다.

2. 그 이유는 무엇입니까?

3. 쓰고 읽으면서 내 몸과 마음에 느껴지는 것은 무엇입니까?

   (변화가 있었다면 그것을 나누어 봅시다.)

4. 나에게 주시는 새로운 깨달음이 있다면 그것은 무엇입니까?

   (버려야 할 것들과 새롭게 가져야 할 것들을 자신의 말로 써 봅시다.)

5. 변화와 성장을 위해, 계속 쓰고 묵상하고 싶은 말씀을 나누어 봅시다.

내 안에 학대받은 아이가 있음을 인정하기

타인의 사소한 잘못도 용납하지 못하고, 항상 누군가에게 탓을 돌려야 하며, 불쑥불쑥 화가 자주 나는 사람들은 **자신 안에 '학대받은 아이'가 있음을 인정해야 한다.** 매번 분노를 일으킬만한 상황에 접할 때마다 분노를 통제하지 못하고 그 안에 깊이 휘말리는 것은 자신 안에 미성숙한 어두운 내면이 있기 때문이라는 사실을 깨달아야 한다. 이것이 치유의 시작이다. 먼저 어린 시절로 돌아가 **자신을 살펴보는 과정이 필요하다.** 어린 시절에 마땅히 받아야 할 칭찬보다 꾸짖음과 벌을 많이 받았는지, 그 과정에서 심한 학대나 폭력은 없었는지를 생각해보자. 또한 비교당하고 무시당한 적이 있었는지, 부모의 강압으로 자신을 표현하지 못한 채 순종을 가장하며 지내왔는지를 돌이켜 보라. 이 부분에서 레스 카터의 글을 인용해 본다

"학대를 받았던 상황들은 공개적으로 시인되어야만 한다. **학대의 문제들이 해결되지 않고 방치되면 우울증, 분노, 불안감 등이 실제로 나타나게 된다.** 그러나 학대의 문제가 성공적으로 다뤄지면, 학대받은 감정으로부터 자유로워져서 정상적이며 감정적으로도 건강한 삶을 살 수 있게 된다. 당신은 학대를 받아

본 적이 있는가? 그것을 공개적으로 인정하는 것을 두려워하지 않기 바란다."

위에서 언급된 것처럼, **학대나 억울함, 상처가 적절히 표현되지 못하고 억눌려진 상태로 있으면 원한과 분노, 쓴 뿌리는 점점 커질 수밖에 없다.** 그것들이 수치심과 결합되면 감정은 더욱 난폭해지게 된다. 이런 경우에는 오히려 선제적으로 자신의 억울하고 괴로운 마음을 인정해야 한다. 그리고 자신을 이해해 줄 수 있는 사람이나 주님께 그 괴로운 마음을 드러내야 한다. 자신의 감정을 부정하거나 회피하지 않고 솔직하게 털어 놓는 것이야말로 치유의 지름길이라는 사실을 명심하자.

주여 주께서 **내 심령의 원통함을 풀어 주셨고**
내 생명을 속량하셨나이다. (애 3:58)

여호와여 나의 억울함을 보셨사오니 나를 위하여
원통함을 풀어 주옵소서. (애 3:59)

그리스도께서 우리를 자유롭게 하려고 자유를 주셨으니 그러므로
굳건하게 서서 **다시는 종의 멍에를 메지 말라.** (갈 5:1)

하나님, 저의 억울하고 원통한 이 심정을 감추지 않고
당신께는 고백하게 하소서. 저를 귀히 여기시고 사랑해
주시는 주님 안에서 저의 분노와 억울함을 극복하게 도와
주십시오. **억울함과 원통함을 고백하고 드러내어**
그것들로부터 자유하기를 원합니다.
그런 과정들이 빨리 일어나도록 도와주시옵소서.
예수님의 이름으로 기도합니다. 아멘.

분노의 전이감정을 이해하고
과거를 다시 구성하기

흔히들 어떤 염려나 개인적인 두려움, 자신의 한계나 비합리적인 생각 때문에 분노를 발하면서도, 이를 깨닫지 못한 채 타인이나 상황만을 탓할 때가 많다. 그러나 조금만 생각해보면 분노는 **자신의 어린 시절과 관련이 있는 '전이감정'(轉移感情)과 연결되어 더욱 확산되고 폭발한다는 사실**을 이해할 수 있다.[11]

전이감정이란 어린 시절부터 가졌던 감정이 지금까지 전해져 현재의 삶에 영향을 미치는 감정이다. 예를 들어 보자. 어릴 때부터 지속적으로 어머니의 잔소리와 간섭에 괴로움을 겪고 자란 청년이 결혼을 하게 되었다. 그가 아내의 조그만 잔소리도 견디지 못해 심한 짜증과 분노를 발한다면 이는 전이감정에서 온 것이다. 이런 경우에는 **서로 이해하고 인내하는 것이 필요하다.** 서로 이야기를 나누며 탐색, 연구, 지지, 격려하는 자세가 필요하다. 실제로 전이감정에 따른 배우자의 분노로 극심한 어려움을 당하는 가정들이 많다. 남편과 아내가 이 전이감정을 이해하지 못하기 때문에 지속적인 분노의 악순환 속에서 빠져 나오지 못한다. 그러므로 분노의 전이과정을 이해하고 과거를 재구성하는 것이 필요하다.

여호와여 나를 살피시고 시험하사 내 뜻과 내 양심을
단련하소서. (시 26:2)

무례히 행하지 아니하며 자기의 유익을 구하지 아니하며
성내지 아니하며 악한 것을 생각하지 아니하며 (고전 13:5)

내가 말하기를 나의 행위를 조심하여 **내 혀로 범죄하지
아니하리니** 악인이 내 앞에 있을 때에 내가 내 입에
재갈을 먹이리라 하였도다. (시 39:1)

부모나 양육자를 내가 선택할 수 있는 것은 아니지만 어린 시절과 청소년 시절에 분노를 조절하지 않고 자주 폭발하는 사람과 같이 살아온 것은 지금 나의 **조절하기 어려운 분노**와 깊은 상관관계가 있다. 즉 폭력적 성향을 지닌 어른들의 행태에 불안과 공포에 떨었지만 **동시에 그 그릇된 행태가 학습이 되어**

나도 그처럼 행하게 되는 것이다.

　부모로부터 무관심, 혹은 혹독한 취급을 당한 자녀는 성인이 된 후에 다른 사람들에게 어린 시절의 학대를 보복하게 된다. 쉽게 **피해자에서 가해자로 변하는 것이다.** 성내기를 잘하고 분노를 조절하지 못하는 사람과 함께 살았던 경험이 과거 뿐 아니라 현재와 미래에도 큰 영향을 미친다. 서로 화가 가득한 가운데 과격한 감정을 표출하다보면 **분노의 덫에 빠져 헤어 나오기 어려워진다. 이런 경우에도 회복을 위해서는 서로 간에 이해하는 것이 필요하다.** 특히 말씀과 기도로 자기성찰을 하며 돌아보는 시간을 가져야 한다.

> 너희는 모든 악독과 노함과 분냄과 떠드는 것과 비방하는 것을 **모든 악의와 함께 버리고** 서로 친절하게 하며 불쌍히 여기며 서로 용서하기를 하나님이 그리스도 안에서 **너희를 용서하심과 같이하라.** (엡 4:32)

> 마음이 경건하지 아니한 자들은 **분노를 쌓으며** 하나님이 속박할지라도 도움을 구하지 아니하나니 (욥 36:13)

유순한 대답은 분노를 쉬게 하여도 과격한 말은 노를 격동하느니라. (잠 15:1)

하나님, 어린 시절의 상처가 지금도 나에게 영향을 미친다는 사실이 놀랍고 실망됩니다. 그러나 과거를 핑계대지 않고 그것을 극복할 수 있는 열망과 지혜를 주시옵소서. 이제 원인을 알고 이해되었습니다. 늘 분노를 잘 다스릴 수 있도록 깨달음을 주시옵소서. 삶에서 분노가 아니라 선을 행할 수 있도록 도와주옵소서. 예수님의 이름으로 기도합니다. 아멘

나누기

1. 위의 말씀 중에 내 마음에 가장 의미 있게 다가온 말씀을 나누어 봅시다.

2. 그 이유는 무엇입니까?

3. 쓰고 읽으면서 내 몸과 마음에 느껴지는 것은 무엇입니까?

   (변화가 있었다면 그것을 나누어 봅시다.)

4. 나에게 주시는 새로운 깨달음이 있다면 그것은 무엇입니까?

   (버려야 할 것들과 새롭게 가져야 할 것들을 자신의 말로 써 봅시다.)

5. 변화와 성장을 위해, 계속 쓰고 묵상하고 싶은 말씀을 나누어 봅시다.

분노와 연결되는 불합리한 생각에 도전하라

　　　　　　　　　　　때로는 화를 내는 것이 옳을 때가 있다. 좋은 동기를 지닌 분노도 존재한다. 이런 분노는 건설적인 방향으로 일을 진행하게 할 수 있기에 꼭 필요하기도 한다. 그러나 대부분의 분노는 불공정하고 비이성적이며 어리석고 불의한 생각을 동반하기에 이롭지 못하다. 분노를 자주 발하거나 분노로 인한 고통이 심한 사람은 먼저 **자신의 신념체계를 살펴 볼 필요가 있다.** 분노 뒤에 자리 잡은 '비합리적 신념'을 알버트 엘리스는 세 가지로 요약하고 있다. 자신에게도 이 점이 있는지 체크하자.

(　　) 나는 지금 하는 일을 잘 해야만 한다. 그렇지 못하면 나는 형편없는 사람이 된다.

(　　) 사람들은 나를 신중하고 친절하게, 내가 원하는 대로 잘 대해 주어야 한다.

(　　) 세상은 공평해야 하고 내가 바라는 것을 얻을 수 있도록 환경이 조성되어야 한다.

　이런 생각들은 성장 과정의 환경들로 인해 생긴 것들이다. 이런 생각에 자주 매어 있다면 지속적으로 억울해 하고 분노 할 수밖에 없다. 세 가지 중에 한 가지라도 뚜렷하게 갖고 있다면, 다른 것이 좋더라도 그것 때문에 분노는 일어나게 되어 있다.

> 여호와께서는 사람의 생각이 허무함을 아시느니라.
> 여호와여 나의 발이 미끄러진다고 말할 때에 주의
> 인자하심이 나를 붙드셨사오며 **내 속에 생각이 많을 때에**
> 주의 위안이 내 영혼을 즐겁게 하시나이다. (시 94:11, 18~19)

> 지극히 존귀하며 영원히 거하시며 거룩하다 이름하는 이가
> 이와 같이 말씀하시되 내가 높고 거룩한 곳에 있으며 또한
> 통회하고 마음이 **겸손한 자와 함께 있나니** 이는 겸손한 자의
> 영을 소생시키며 통회하는 자의 마음을 소생시키려 함이라. (사 57:15)

형제들아 사람이 만일 무슨 범죄한 일이 드러나거든 신령한 **너희는 온유한 심령으로** 그러한 자를 바로잡고 너 자신을 살펴보아 너도 시험을 받을까 두려워하라. 너희가 짐을 서로 지라. 그리하여 그리스도의 법을 성취하라. (갈 6:1~2)

분노가 일어날 때, 자신의 혼잣말이나 생각들을 점검하는 것은 매우 중요하다. 그럼으로써 자신 속의 비합리적인 신념을 발견하고 **지속적으로 그것에 도전하면**, 그동안 지니고 있었던 그릇된 습관적 생각들을 고칠 수 있다. 위에 열거한 3가지 일반적인 신념들을 다음과 같이 반박할 수 있다.

- 왜 내가 항상 잘해야 하고 인정을 받아야 한다고 생각하는가?
  나는 잘 할 수도 있지만 때로는 못할 수도 있다.

- 왜 나는 항상 공평한 대우를 받아야만 한다고 생각하는가?
  그렇지 못할 때도 있다. 세상은 항상 공평하지 않다는 것을 인정해야 한다.

- 내가 부당하고 불평한 대우를 유독 참지 못하는 이유는 무엇인가?

  나의 고집이나 독단이 아닐까? 같은 환경에서도 잘 참고 견디는 사람들이 있다.

- 나도 가끔은 참고 견딜 수 있지 않을까?

이런 생각들을 반복적으로 하면서 과거의 **잘못된 신념체계들을 바꾸어 감으로써** 잘못된 습관까지도 바꿀 수 있고 궁극적으로 삶에 변화를 가져 올 수 있다. 곧 적합한 사고를 함으로써 분노를 줄일 수 있는 것이다.

> 내가 **내 행위를 생각하고** 주의 증거들을 향하여 내 발길을 돌이켰사오며 **주의 계명들을 지키기에** 신속히 하고 지체하지 아니하였나이다. (시 119:59~60)

> 너희는 **이전 일을 기억하지 말며 옛날 일을 생각하지 말라.** 보라 내가 새 일을 행하리니 이제 나타낼 것이라. 너희가 그것을 알지 못하겠느냐. 반드시 **내가 광야에 길을 사막에 강을 내리니** (사 43:18~19)

하나님, 저에게 잘못된 생각이 있음을 알면서도 그 생각을 고치기가 어렵습니다. **분노로 이어지는 잘못된 생각을 반박하며 버리도록 도와주십시오.** 옛 생각을 버리고 그것이 새로운 생각으로 바뀌게 해 주시옵소서. 저를 고치기 원하시는 주님의 마음을 오늘 경험토록 도와주십시오. 저의 분노를 치유하여 주시기를 간절히 기도드립니다. 아멘

나누기

나로 하여금 자꾸만 분노의 행동이 나오도록 부추기는 생각들이 무엇인지 나눠봅시다.
(예를 들면, '나는 대우를 더 받아야 한다.' '나는 인정을 받아야 하고 잘해야 한다.' 등)

마음에 있는 원통함을
흘려보내고 위로하기

마음에 사라지지 않는 원통함이 있을 때엔, 숨은 과거의 상처를 치유하기란 불가능한 일처럼 느껴진다. 아직도 내면에서는 지속되는 과거의 경험이 마음을 상하게 하고 자꾸만 분한 감정을 일으키기 때문이다. 해결되지 않는 원통함을 갖고 지낸다는 것은 아직도 내 속에 **나를 끊임없이 괴롭히는 '내면아이'가 있음**을 의미한다. 원통함이 심하고 오래된 것일수록 진정한 삶을 살지 못하고, 생활 방식이 와해되며, 힘들고 어려운 고통의 삶을 살게 한다.

> 내가 내 원통함을 그의 앞에 토로하며 내 우환을 그의 앞에 진술하는도다. (시 142:2)

나의 부르짖음을 들으소서. 나는 심히 비천하니이다. 나를 핍박하는 자들에게서 나를 건지소서. 그들은 나보다 강하니이다.

내 영혼을 옥에서 이끌어 내사 주의 이름을 감사하게 하소서.
주께서 나에게 갚아 주시리니 의인들이 나를 두르리이다. (시 142:6~7)

주여 주께서 내 심령의 원통함을 풀어 주셨고 내 생명을 속량하셨나이다. 여호와여 **나의 억울함을 보셨사오니** 나를 위하여 원통함을 풀어주옵소서. (애 3:58~59)

어떤 원망으로 가득 찬 감정, 혹은 기억조차 하기 싫은 갈등의 감정들은 잠재의식 속에 묻혀 있기에 흔히들 이를 의식하지 못한 채 살아가기 쉽다. 그러나 어느 날 비슷한 상황이나 사람을 대면했을 때, 평소에는 예상치 못한 **그 감정들과 느낌이 튀어 나오게 된다.**

'원통함'에 묶여 사는 삶에는 분노와 고통이 따를 수밖에 없고, 그것을 풀어내지 않는 한 **자신과의 고통스런 싸움에서** 벗어나기 어렵다. 이러한 때, 가장 효과적인 기법은 '상상'으로 원망의 대상을 만나는 것이다. 그렇게도 나를 괴롭혔던 상대가 지금 내 앞에 있는 것처럼 생각하며 그 **사람에게 하고 싶은 말을 쏟아내는 것**이다. 곧 그 시절, 그 때로 돌아가 **그때 느꼈던 고통과 원통한 감정들을 지금 느껴보는 것**이다. 기억해 낼 수 있는 상처나 아픔을 될 수 있는 데로 자세하게 열거하며 쓰는 것도 필요하다. **구체적이고 자세히 표현할수록 좋다.** 그 목록을 작성하다보면 감정이 고조되고, 눈물이 흐르며, 화가 치밀어 오르는 것을 느낄 수 있다. 노만 라이트는 이 점을 이렇게 언급했다.

"이 목록(원통한 감정)을 쓰는 동안에 하나님께서 숨겨진 깊은 기억의 창고를 열어 주셔서 **내적인 마음의 그릇이 깨끗이 비워질 수 있게 기도하라.** 그러한 과정을 통과하면서 **그때의 감정을 내쫓아 버릴 수 있다는 사실**에 대해 하나님께 감사하라. 예수 그리스도께서 그 방에 계셔서 당신이 하고 있는 일을 옳다고 인정해 주시며 미소 짓고 계신다는 것을 기억하라. 그분은 당신에게 말씀하신다. **'나는 네가 정결 하게 되며 자유하게 되기를 원한다'**고."

억눌린 사람들을 위해 정의로 심판하시며 주린 자들에게 먹을 것을 주시는 이시로다. 여호와께서는 **갇힌 자들에게 자유를 주시는도다.** (시 146:7)

그리스도께서 우리를 자유롭게 하려고 자유를 주셨으니
그러므로 굳건하게 서서 다시는 **종의 멍에를 메지 말라.** (갈 5:1)

그러나 언제든지 주께로 돌아가면 그 수건이 벗겨지리라.
주는 영이시니 주의 영이 계신 곳에는 자유가 있느니라. (고후 3:16~17)

억울하고 원통했던 심정을 충분히 말로 쏟아낸 후에는 자신이 말을 듣는 청자(聽者)가 되어 **사과나 위로의 말을 들어 보라.** 상상 속에서 그 사람은 당신에게 적극적으로 사과하며 용서를 빌고, 위로해 줄 수 있다. 또한 그곳에 우리 주님을 초청한다. 한 번으로 부족하면 여러 번 해야 한다.

이 말씀은 **나의 고난 중의 위로라.**
주의 말씀이 나를 살리셨기 때문이니이다.

구하오니 주의 종에게 하신 말씀대로 **주의 인자하심이
나의 위안이 되게** 하시며 (시 119:50, 76)

애통하는 자는 복이 있나니 그들이 위로를 받을 것임이요
온유한 자는 복이 있나니 그들이 땅을 기업으로
받을 것임이요 (마 5:4~5)

우리의 모든 환난 중에서 우리를 위로하사 우리로 하여금
하나님께 받는 위로로써 모든 환난 중에 있는 자들을 능히
위로하게 하시는 이시로다. (고후 1:4)

우리에게 가장 위로가 되는 순간은 **하나님의 사랑을 깨닫고 그 안에 머무를 때다.** ('기쁨'편 참조) 혼자서 위로를 주고받기란 어렵고 사람들이 주는 위로에는 한계가 있다. 그러나 우리의 구원을 위해 독생자를 주실 정도로 **하나님의 사랑은 무한하시며 우리를 끝없이 위로해 주신다.** 위의 말씀처럼 하나님의 위로는 나 자신 뿐 아니라 주변의 다른 사람들에게까지 선한 영향을 미친다.

> 그러할지라도 내가 오히려 위로를 받고 그칠 줄 모르는
> 고통 가운데서도 기뻐하는 것은 내가 거룩하신 이의
> 말씀을 거역하지 아니하였음이라. (욥 6:10)

> 선하신 목자 날 사랑하는 분 주 인도하는 곳 따라 가리.
> 주의 말씀을 나 듣기 위하여 주 인도하는 곳 가려네.
> 나를 푸른 초장과 쉴 만한 물가로 내 선하신 목자
> 날 인도해. 험한 산과 골짜기로 내가 다닐지라도
> 내 선하신 목자 날 인도해. (복음성가 중에서)

나누기

1. 위의 말씀 중에 내 마음에 가장 의미 있게 다가온 말씀을 나누어 봅시다.

2. 그 이유는 무엇입니까?

3. 쓰고 읽으면서 내 몸과 마음에 느껴지는 것은 무엇입니까?

    (변화가 있었다면 그것을 나누어 봅시다.)

4. 나에게 주시는 새로운 깨달음이 있다면 그것은 무엇입니까?

    (버려야 할 것들과 새롭게 가져야 할 것들을 자신의 말로 써 봅시다.)

5. 변화와 성장을 위해, 계속 쓰고 묵상하고 싶은 말씀을 나누어 봅시다.

Part 4

용서하라
용서는
치유의 꽃

용서는 치유력을 발휘한다

용서는 실행하기 어렵고 고통스럽지만, 실제로 행해졌을 때엔 놀라운 치유력을 발휘한다. 용서는 우리가 살면서 꼭 경험해야 하는 것 가운데 하나로 치유의 가장 중요한 요소이기도 하다. 사람들 가운데는 용서를 하지 못해 응어리진 마음으로 고통을 겪으며 나날을 지내는 경우가 많다. **용서를 못해 고통당하는 사람은 자기 자신이다.** 그러므로 용서는 타인이 아니라 **자기 자신을 위해 반드시 해야 하는 것**이다. 지난날의 상처에만 붙잡혀 있다면 하나님의 섭리와 축복, 자신의 잠재력을 보지 못한 채 **원망과 피해의식 속에서 살아가게 된다.** 세계적인 기독교 상담가이자 심리치료사인 데이비드 시맨즈(David Seamands) 목사도 12살인 자신을 미국에 두고 인도 선교사로 떠났던 부모를 어른이 된 후에야 용서했다. 그러자 오랫동안 앓고 있었던 천식이 나았다고 한다.[12]

> 너희가 **사람의 잘못을 용서하면** 너희 하늘 아버지께서도 너희 잘못을 용서하시려니와 너희가 사람의 잘못을 용서하지 아니하면 너희 아버지께서도 너희 잘못을 용서하지

아니하시리라. (마 6:14~15)

용서하라. 그리하면 너희가 용서를 받을 것이요 (눅 6:37)

우리가 우리에게 죄 지은 자를 **사하여 준 것 같이** 우리 죄를 사하여 주시옵고 (마 6:12)

다음은 용서하지 못해 많은 시간을 괴로워 하다가 용서를 함으로써 변화되는 모습을 실감나게 묘사한 글이다.

나는 그들을 솔직히 용서하기 싫었다. 그들이 나에게 행한 일들을 두고두고 비난했다. 하나님은 그런 나의 속마음을 다 알고 계셨다. 용서라는 명제에 직면하고 보니, 용서는 단순히 "미안해"라고 한마디 던지는 일이 아니었다. **용서란 나**

의 전 존재를 양보하는 괴로운 작업이었다. 대체 어떻게 용서해야 할지, 나는 그 방법조차 모르고 있었다.

"…… 제가 …… 용서할 수 있을까요?"

"용서가 과연 모든 것을 해결해 줄까요?"

"두려워요,"

"내가 그곳에 가 줄게"

"용서한 다음에는 어떻게 되나요?"

"경험해보렴."

하나님이 나를 용서하실 때, 그분은 어떤 기분이었을까? 그러나 나는 여전히 그들을 용서하기 싫었다. 그들이 나에게 했던 것을 생각하면…. 하나님은 부드럽게 나에게 말씀하셨다.

"너는 내게 더 큰 용서를 받았잖니?"

그렇다. 하나님으로부터 용서받은 날, **나를 묶고 있던 죽음의 결박이 풀렸고 나는 자유를 얻었다.** 그때 만끽한 자유의 맛은 아직도 생생하다. 그러고 보면 그들은 고작 내 발목만 결박하였을 뿐.

나는 다시 수면 아래를 보았다. 나의 발을 옥죄고 있는 무수한 사람들이 보였다. 미운 사람들이었다. 가슴 속이 부글거렸다. 또다시 망설였다. 하나님이 간절한 눈으로 나를 바라보셨다. **나는 감정이 아니라 의지로 순종했다.** 어머니에게 말할 용기가 나지 않았다. 그러나 **하나님이 그곳에 같이 계셨다.** 간신이 입을 떼어 "어머니를 용서한다"고 했다. 어머니도 말했다.

"내가 그렇게 말은 했지만, 너를 진심으로 사랑했단다."

어머니의 손이 떠나갔다. 눈물이 마구 쏟아졌다. 돌아가신 아버지께 말했다.

"아버지, 용서합니다."

하나님이 거기 계셨다.

"본심이 아니었단다. 넌 나에게 소중한 딸이었다."

아버지의 손이 떠나갔다. **울음이 터져 나왔다. 치유가 시작되었다.**

'참으로 소중한 나' (김수경, 규장)에서

위의 글을 읽은 후에 느낌을 간단히 쓰고 나누어 봅시다.
(가장 와 닿는 부분이나 적용하고 싶은 부분을 위주로)

여호와여 나의 기도를 들으시며 나의 부르짖음에 귀를

기울이소서. 내가 눈물 흘릴 때에 잠잠하지 마옵소서. 나는
주와 함께 있는 나그네이며 나의 모든 조상들처럼
떠도나이다. **주는 나를 용서하사** 내가 떠나 없어지기
전에 나의 건강을 회복시키소서. (시 39:12~13)

노하기를 더디 하는 것이 사람의 슬기요 허물을
용서하는 것이 자기의 영광이니라.
사람은 자기의 **인자함으로** 남에게 사모함을 받느니라. (잠 19:11, 22)

너희가 각각 **마음으로부터 형제를 용서하지 아니**
하면 나의 하늘 아버지께서도 너희에게 이와 같이
하시리라. (마 18:35)

하나님, 용서하기로 마음먹었다가 다시 원망과 미움으로 돌아가는 저의 죄성을 고백합니다. 주님 저를 도와주세요. 정죄하며 미워하는 마음을 내려놓고 주님께서 저를 용서하신 것처럼, 저도 그들을 용서하게 하소서. **미움과 원망을 지금 당장 버리고, 주님의 그 사랑을 생각하면서** 저도 오직 사랑만 품게 하소서.

나누기

용서가 어려웠지만 기도와 말씀을 통해 용서함으로써 승리하게 된 사례를 서로 나눠봅시다.

용서의 대가는 크고
그 열매는 아름답다

　　　　　　　　　　용서는 치유의 가장 아름다운 꽃이며 결정적 주제다. 그래서 용서는 치유의 길을 가는데 확실히 넘어야 할 높고 험한 산봉우리다. 산봉우리를 정복한 대가는 크고 아름답다. 용서하지 못하는 사람들에게 남아 있는 것은 '결박'과 '원한'이다. 용서하지 못한 채 원한의 마음을 품고 살기에 더욱 마음이 황폐되고 와해되어 있는 **'나 자신'을 구출하기 위해서라도** 용서는 꼭 이뤄져야 한다. 용서를 위한 내적 의지를 발동하고 말씀에 순종해야 한다. 비록 나의 의지로는 도저히 용서할 수 없지만 **미워하는 권한을 내려놓고** 말씀을 붙잡는 것이다. 즉, 내 힘으로는 되지 않기에 나의 모든 권한을 주님께 맡기고, 용서 못하는 마음과 타인으로부터 기대하는 마음을 내려놓는 것으로부터 용서는 시작된다. 인간은 **누구도 완벽하지 않다는 사실을 받아들이며** 어느 정도 나의 부족함도 인정하게 되면 용서는 더욱 쉬워진다. 말씀을 읽으며 마음의 여유를 갖고 타인의 입장을 이해할 수 있는 단계에 이르게 되면 용서를 선택하기가 더욱 용이하게 되는 것이다.

　　서서 기도할 때에 아무에게나 혐의가 있거든 **용서하라**.

그리하여야 하늘에 계신 너희 아버지께서도 너희 허물을 사하여 주시리라 하시니라. (막 11:25)

서로 친절하게 하며 **불쌍히 여기며 서로 용서하기를** 하나님이 그리스도 안에서 너희를 용서하심과 같이하라. (엡 4:32)

그 때에 베드로가 나아와 이르되 주여 형제가 내게 죄를 범하면 **몇 번이나 용서하여 주리이까.** 일곱 번까지 하오리이까. 예수께서 이르시되 네게 이르노니 일곱 번뿐 아니라 일곱 번을 일흔 번까지라도 할지니라. (마 18:21~22)

미국 플로리다의 병원에서 사역하는 딕 티비츠 박사는 분노가 건강에 미치는 영향을 오랫동안 연구해왔다. 그는 '용서의 기술'이라는 저서에서 심리학적으로 입증된 용서의 방법을 다양하게 제시했다. 딕 티비츠 박사에 따르면 먼저 아래의 몇 가지 진실을 받아 들여야만 용서가 용이해 지고 건강한 삶을 이룰 수 있다.

"용서는 당신이 삶의 주도권을 되찾는 방법이다. 일단 용서의 관점을 취하면 **당신의 억울한 사연은 당신을 괴롭힐 힘을 잃어버릴 것이다.** 그러면 당신은 그 다음에 따라오는 삶의 새로운 방식들을 반갑게 맞이할 수 있다. 다음에 제시하는 진실을 받아들이면 당신은 더 행복하고 건강한 삶을 살 수 있다.

- 분노에 매달리면 **당신만** 상처받는다.
- 당신이 용서하면 감옥에 갇힌 한 사람을 풀어주게 된다. 그 사람은 **바로 당신이다.**
- 상황을 더 낫게 만들기 위해 **당신이 변하면** 당신 주변의 사람들도 더 쉽게 변할 수 있다." [13]

비판하지 말라. 그리하면 너희가 비판을 받지 않을 것이요
정죄하지 말라. 그리하면 너희가 정죄를 받지 않을 것이요
용서하라. 그리하면 너희가 용서를 받을 것이요 (눅 6:37)

우리가 우리에게 죄 지은 **모든 사람을 용서하오니** 우리 죄도
사하여 주시옵고 우리를 시험에 들게 하지 마시옵소서 하라. (눅 11:4)

원수를 갚지 말며 동포를 원망하지 말며 네 이웃 사랑하기를
네 자신과 같이 사랑하라. 나는 여호와니라. (레 19:18)

사랑의 주님, 제가 일상에서 억울한 일을 당했더라도 그 일에
얽매이지 않게 하시며 저의 에너지를 좋은 일에 쓸 수 있도록
지혜와 힘을 주시옵소서. 억울한 일을 자꾸 퍼뜨리기 보다는
기도하게 하시며 **주님의 수용과 인내를 배우게 하소서.**
무엇보다 제가 스스로를 괴롭히지 않고 **용서를 선택하게** 하소서.

나누기

1. 위의 말씀 중에 내 마음에 가장 의미 있게 다가온 말씀을 나누어 봅시다.

2. 그 이유는 무엇입니까?

3. 쓰고 읽으면서 내 몸과 마음에 느껴지는 것은 무엇입니까?

 (변화가 있었다면 그것을 나누어 봅시다.)

4. 나에게 주시는 새로운 깨달음이 있다면 그것은 무엇입니까?

 (버려야 할 것들과 새롭게 가져야 할 것들을 자신의 말로 써 봅시다.)

5. 변화와 성장을 위해, 계속 쓰고 묵상하고 싶은 말씀을 나누어 봅시다.

용서는 우리를 자유롭게 한다

　　　　　　　　　　과거를 치유하고 현재의 우리를 자유롭게 해주는 것이 용서이다. 용서하기 위해서는 먼저 우리가 받은 크고 깊은 상처들을 **인정하고 확인해야 한다.** 그런 의미에서 용서는 여행과 같다. 상처가 깊을수록 용서의 여행은 오래 걸리지만, 그 여정을 마치면 **확실한 보상**이 따라온다.

다음은 용서를 망설이는 사람들에게 도움이 되는 글이다.

"내가 나의 과거를 비신화화하고 모든 인간행동의 모순성과 비극성을 인정하게 되자 이전에 나에게 일어난 일들의 의미를 바꿀 수 있는 새로운 자유를 발견하게 되었다. 용서만이 나에게 과거를 받아들이고, 과거의 손상된 상처들로부터 자유로워질 수 있도록 해준다. '분별력'과 '용서', 그리고 '감사'는 연금술과도 같다. 과거를 운명에서 행운으로 전환시켜주며, 또한 나 자신을 통제할 수 없는 원인들의 희생자의 자리에서 과거를 재구성하는 참여자가 되도록 변화시켜 준다." [14]

비판하지 말라. 그리하면 **너희**가 비판을 받지 않을 것이요
정죄하지 말라. 그리하면 **너희**가 정죄를 받지 않을 것이요
용서하라. 그리하면 너희가 용서를 받을 것이요 (눅 6:37)

너희가 부르심을 받은 일에 합당하게 행하여 모든 **겸손과
온유로** 하고 오래 참음으로 사랑 가운데서 **서로 용납하고** (엡 4:1~2)

너희는 스스로 조심하라. 만일 네 형제가 죄를 범하거든
경고하고 회개하거든 **용서하라.** (눅 17:3)

너는 시냇가에 심은 나무라. 하나님의 사랑 안에서
믿음 뿌리내리고 **주의 뜻대로** 항상 사세요.
주의 시절을 쫓아 **구원 열매 맺으면** 주의 영화로운

빛 너를 보호하리니 주의 뜻대로 항상 살리라. (복음성가 중에서)

용서는 우리의 **분노를 치유할 뿐** 아니라 상처를 준 사람으로부터 떠나 성숙을 도모하게 해 준다. 억울함, 분노, 고통이 내 안에 있을지라도 이미 흘러간 그 이야기들이 현실에 영향을 미치지 못하도록 놓아 버리는 것이다. 즉, 그 일들이 다시 떠올라 나를 괴롭힐 때에도 이미 그것은 과거의 일임을 자각하고 그 **고통의 의자에서 일어나** 다른 행동이나 생각으로 옮겨가는 것이다. 그러면 대신 그 자리에 더 정확하고 신뢰할 수 있는 좋은 이야기들이 들어올 수 있다. 또한 이제는 나를 괴롭혔던 그 이야기가 나의 현재 삶에 맞지도 않고 쓸모도 없다는 사실을 알게 된다. 그래서 용서는 과거를 치유할 뿐 아니라 **새로운 현실로, 진정한 자유와 평화가 있는 곳으로** 우리를 인도해 준다. 다음의 시는 용서 후의 모습을 구체적으로 묘사하고 있다.

용서하고 잊도록 하십시오

M. 메레 마고

만약 당신이

잊는 것을 선택할 줄 아는 사람이라면

훨씬 더 행복한 기억을 갖게 될 것입니다.

용서하고 잊는 것을 배우십시오.

그것으로 충분합니다.

일생동안 그것을 거듭 상기할 필요는 없습니다.

누군가가 당신을 헤쳤으면

그 사람과 만나 해결 하십시오.

그것은 힘든 일이겠지만

계속 노력해보십시오.

어떠한 일이 일어나든

당신이 할 수 있는 일이 하나 있습니다.

당신은 용서할 수 있습니다.

당신은 **마음의 평화를 되찾을 수 있습니다.**

당신은 **용서함으로써**

마음의 평화를 되찾을 수 있습니다.

너희는 스스로 조심하라. 만일 네 형제가 죄를 범하거든
경고하고 회개하거든 **용서하라.** (눅 17:3)

네 원수가 넘어질 때에 즐거워하지 말며 그가 엎드려질 때에
마음에 기뻐하지 말라. 여호와께서 이것을 보시고 기뻐하지
아니하사 그의 진노를 그에게서 옮기실까 두려우니라. (잠 24:17~18)

너희가 무슨 일에든지 **누구를 용서하면 나도** 그리하고 내가
만일 용서한 일이 있으면 용서한 그것은 **너희를 위하여**
그리스도 앞에서 한 것이니 이는 우리로 사탄에게 속지 않게
함이라. 우리는 그 계책을 알지 못하는 바가 아니로다. (고후 2:10~11)

하나님, 저는 아직도 용서하지 못한 채 미움에 갇혀 있을 때가 많습니다. **주께서 저를 용서하셨듯이 저도 다른 이들을 용서하기를 진심으로 원합니다.** 제 마음이 하루 속히 변화되게 해 주세요. 지금 저에게 진정으로 필요한 분은 오직 주님뿐임을 고백합니다. 저로 하여금 주님처럼 **인자하며 온유와 겸손으로 모든 사람을 품게** 해 주시옵소서. 예수님의 이름으로 기도합니다. 아멘

나누기

1. 위의 말씀 중에 내 마음에 가장 의미 있게 다가온 말씀을 나누어 봅시다.
2. 그 이유는 무엇입니까?
3. 쓰고 읽으면서 내 몸과 마음에 느껴지는 것은 무엇입니까?
   (변화가 있었다면 그것을 나누어 봅시다.)
4. 나에게 주시는 새로운 깨달음이 있다면 그것은 무엇입니까?
   (버려야 할 것들과 새롭게 가져야 할 것들을 자신의 말로 써 봅시다.)
5. 변화와 성장을 위해, 계속 쓰고 묵상하고 싶은 말씀을 나누어 봅시다.

용서에는 시간과 위탁이 필요하다

 용서를 하는 데에는 **시간이 걸리며 피나는 노력이 필요하다는 것**을 인정해야 한다. 용서는 결코 쉽지 않으며 특히 심적으로 입은 상처와 고통이 극심한 경우에는 용서가 불가능하다고 느껴질 수도 있기 때문이다. 가령 가혹한 폭행, 혹은 성폭력을 당했다거나, 오랜 세월에 걸쳐 피해를 지속적으로 입은 경우에는 가해자들을 용서하기란 정말 어렵다. 솔직히 **하나님의 도우심 없이, 인간의 본성만으로는 용서가 불가능하다고 할 수 있다.** 그래서 더욱 주님께 맡겨야 한다. **상처와 아픔을 주님께 위탁하는 과정이 필요하다.** 개인에 따라 반복되는 상한 감정과 싸워야 하기에 오랜 시간이 필요하기도 하다. 이런 모든 용서의 과정에서 최후 승리를 주시는 주님을 의뢰하는 일은 너무나 중요하다. '상한 감정과 억압의 치유'에서 데이비드 시맨즈 목사는 이렇게 썼다.

"**용서는 자주 되풀이 되어야 한다.** 옛 분노와 씨름할 때, 하나님께만은 온전히 정직한 것이 훨씬 낫다. 우리가 그것들을 포기할 수 없고, 감정을 바꾸는 것이 불가능하다고 하나님께 **솔직히 말해야 한다.** 나는 우리가 우리 힘으로 우리의

감정을 바꿀 수 있는지 확신하지 못한다. 우리가 할 수 있는 것은 우리의 연약한 점을 인정한 후, 하나님께서 바꾸어 주시도록 기꺼이 그에게 **우리의 의지를 드리는 것이다.**" [15]

우리가 아직 죄인 되었을 때에 **그리스도께서 우리를 위하여 죽으심으로** 하나님께서 우리에 대한 자기의 사랑을 확증하셨느니라. (롬 5:8)

어리석고 무식한 **변론을 버리라.**
이에서 다툼이 나는줄 앎이라. (딤후 2:23)

원수를 갚지 말며 동포를 원망하지 말며
네 이웃 사랑하기를 네 자신과 같이 사랑하라.
나는 여호와이니라. (레 19:18)

일단 용서하기로 선택했으면, 우리는 새로운 길로 들어선 것이며 그 이후 삶의 책임도 나에게 있는 것이다. 과거의 얽매임에서 탈출한 이후에는 미래에 대한 꿈이나 소망을 붙들고 나아가야 하지만, 여전히 내 의지로는 그리 하기가 어렵고 괴로울 때, 말씀과 기도를 통해 **주님께 맡기는 '위탁'이 절실하게 필요하다. 참된 위탁이란 하나님께서 하시도록 내 모든 삶과 의지를 주님께 넘겨드리는 것이다. 곧 하나님의 뜻만을 구하며, 말씀의 능력을 나의 진정한 힘으로 인정하는 것이다.** 나의 불완전함과 상처, 고통과 분노까지도 맡기고 하나님의 인도와 다스림에 자발적으로 순종하는 것이다.

이런 면에서 창세기에서 보이는 요셉의 용서는 참으로 아름답다. 그에게도 형들을 미워하고 하나님을 원망해야 할 이유가 넘치게 있었다. 어린 나이에 노예로 팔려가서, 타국의 감옥에 갇히기도 했던 그 현실은 실로 끔찍하며 무섭고 영원히 지워지지 않을 트라우마를 남기는 것들이었다. 그러나 놀랍게도 요셉은 증오와 분개에 사로잡히지 않았다. 오히려 그는 그 어려운 상황에서도 **하나님과 끊임없이 교제했고** 자신의 상황을 최대한 믿음으로 활용한 지혜의 사람이었다. 그는 이미 자신에게 일어난 일을 수용했고, 자신을 죽이려 했던 형들도 **용서했다. 그만큼 그는 과거에 사로잡히지 않는 긍정적인 사고를 지녔던 것이다.** 이것은 하나님과의 끊임없는 교제를 통해서 요셉이 얻을 수 있었던 아름다운, 그리고 최상의 열매였다.

너는 마음을 다하여 여호와를 신뢰하고 네 명철을
의지하지 말라. **너는 범사에 그를 인정하라.**
그리하면 네 길을 지도하시리라. (잠 3:5,6)

여호와 앞에 **잠잠하고 참고 기다리라.** 자기 길이 형통하며
악한 꾀를 이루는 자 때문에 불평하지 말지어다.
잠시 후에는 악인이 없어지리니 네가 그 곳을 자세히
살필지라도 없으리로다. 그러나 **온유한 자들은 땅을 차지
하며** 풍성한 화평으로 즐거워하리로다. (시 37:7, 10~11)

욕을 당하시되 맞대어 욕하지 아니하시고 **고난을
당하시되 위협하지 아니하시고** 오직 공의로
심판하시는 이에게 부탁하시며 (벧전 2:23)

내게 **능력 주시는 자 안**에서 내가 모든 것을
할 수 있느니라. (빌 4:13)

하나님, 저의 분노의 밑바닥에 있는 용서하지 못하는
완고함을 내려놓고 진정한 자유를 얻게 해 주십시오.
이것이 저의 노력으로는 불가능하오니 당신께
모든 것을 의탁합니다. 제 마음을 바꿔 주십시오.
제 의지와 원망, 분노를 모두 당신께 맡깁니다.
저에게 참된 해방과 진정한 샬롬을 주시옵소서.

용서의 경험을 쓰고 옆에 있는 사람과 나눕시다.

Part 5

기쁨,
기쁨으로
쓰기

기쁨, 기쁨으로 쓰기

　　　　　　　　　　기쁨과 감사는 치유의 가장 중요한 열쇠들이다. 일단 기쁨과 감사가 밀려오면 우리의 뇌와 마음의 상태는 물론 몸의 리듬까지도 변화되는 것을 느낄 수 있다. 하나님의 피조물로서 기쁨 넘치는 나날을 살아야 하지만 우리 주변으로부터 넘치는 기쁨보다는 '기쁨의 고갈'이란 소식을 더욱 많이 듣는다. 기쁨을 상실하면 우리는 더욱 지치고 피곤해지며 생각과 에너지가 고갈됨을 느낀다. 그런 고갈의 때에는 먼저 쉼을 통해 몸의 활력을 회복해야 한다. 또한 **주님이 주신 소망의 말씀을 읽고 씀으로써 마음의 기쁨을 되찾아야 한다.** 지금까지는 마음으로, 또는 실제로 슬픔과 낙심의 글을 썼다면, 이제부터는 기쁨과 소망을 주는 글을 써야 한다. 성경에서 기쁨과 소망의 말씀을 찾아 쓰고 묵상하라. 그러다보면 점차 마음의 근육이 강건해지고, 샘솟는 기쁨이 깊은 곳에서부터 올라올 것이다. 될 수 있는 대로 나를 이해하고 위로해 줄 수 있는 대상을 만나 이야기하는 것도 기쁨의 회복을 위한 좋은 방법이다.

　　짐 와일더 박사는 기쁨의 중요성에 대해 다음과 같이 말한다.

"본래 모든 인간은 삶이 시작될 때부터 기쁨을 찾도록 설계 되어 있다. 기쁨은 누군가 나와 함께 함을 즐거워한다는 것을 의미한다. 우리는 기쁨을 아주 감정적으로 받아들인다. 기쁨의 결핍 또한 감정적으로 받아들인다. 주위 사람들이 내 연약함과 부족함을 보고서도 나를 돌봐줄 때 기쁨이 자란다. 사람들이 나를 무시하거나 내 약점을 이용하게 되면 기쁨은 사라진다. **대인 관계 속에서 기쁨을 얼마나 경험하느냐에 따라 삶을 대하는 역량이 달라진다.** 뇌의 능력과 화학적 특성, 힘을 형성하는 결정적 요인은 유전 인자보다는 '온유한 보호자들'을 통해 체득된 기쁨이다." [16]

위의 글처럼 우리 모든 사람들은 기쁨을 얻기 원하며 대인 관계를 통한 기쁨을 갈망하고 있다. 그러나 때로는 가까운 사람들과 기쁨을 나누는 대신 오히려 아픔과 상처를 주고받을 때가 있다. 그때에도 **하나님의 말씀 안에서의 아름다운 교제**는 슬픔과 고독으로 지친 우리에게 기쁨과 평안을 안겨준다. 말씀에는 화해와 치유, 기쁨을 가져다주는 능력이 있다. 물론 그 말씀을 받아 교제의 기쁨을 회복할 수 있도록 마음의 문을 활짝 여는 것은 우리의 몫이다.

> 주 안에서 **항상 기뻐하라.** 내가 다시 말하노니
> 기뻐하라. 너희 관용을 모든 사람에게 알게 하라.
> 주께서 가까우시니라. (빌 4:4~5)

아무 것도 염려하지 말고 오직 모든 일에 기도와 간구로, **너희 구할 것을 감사함으로 하나님께 아뢰라.** 그리하면 지각에 뛰어난 하나님의 평강이 그리스도 예수 안에서 너희 마음과 생각을 지키시리라. (빌 4:6~7)

주께서 생명의 길을 내게 보이시리니 **주의 앞에는 충만한 기쁨이 있고** 주의 오른쪽에는 영원한 즐거움이 있나이다. (시 16:11)

주께서 나의 슬픔이 변하여 내게 춤이 되게 하시며 나의 베옷을 벗기고 **기쁨으로 띠 띠우셨나이다.** (시 30:11)

위의 말씀들에서 볼 수 있는 것처럼 **기쁨은 하나님이 이미 우리에게 주신 것**이다. 우리들은 그 기쁨을 표현하고 서로에게 전달해 증폭시켜야 한다. 물론 온전히 기쁨으로만 삶을 가득 채울 수는 없지만 **고통과 어려움 속에서도 기쁨을 발견하고 나누는 것**은 우리의 선택에 달려 있다. 그것은 우리의 특권이라고 할 수 있다. 사도 바울은 외롭고 무서운 로마 감옥 속에서 놀라운 기쁨의 메시지를 썼다. 그는 **예수 그리스도에게서** 그 기쁨의 원천을 찾았다. 빌립보서에서 바울은 고통스런 환경을 초월하는 영원한 기쁨을 이야기 하고 있다. 그는 자신을 괴롭게 하는 극심한 환경이나 불편한 사람들, 세상 것들, 근심과 낙망 등 모든 어려운 요소들을 **기쁨으로 넉넉히 이길 수 있다**고 고백한다.

주안에서 **항상 기뻐하라. 내가 다시 말하노니 기뻐하라.** 너희 관용을 모든 사람에게 알게 하라. 주께서 가까우시니라. (빌 4:4~5)

만일 너희 믿음의 제물과 섬김 위에 내가 나를 전제로 드릴지라도 나는 기뻐하고 너희 무리와 함께 기뻐하리니 이와 같이 **너희도 기뻐하고** 나와 함께 기뻐하라. (빌 2:17~18)

끝으로 나의 형제들아 주 안에서 기뻐하라. 너희에게 같은 말을 쓰는 것이 내게는 수고로움이 없고 너희에게는 안전하니라. (빌 3:1)

하나님, 당신이 우리에게 이미 주신 기쁨의 감정을 마음껏 누리기를 원합니다. 내 마음에 비록 슬픔과 기쁨이 혼재돼 있을 때에도 항상 주님이 주신 기쁨만을 선택할 수 있도록 힘주시옵소서. 주어진 삶과 사명에 기뻐하게 하시며 어떤 어려운 환경도 기쁨으로 견디게 용기를 주시옵소서.

기쁨은 은혜이다

많은 사람들의 마음에는 자신을 통해 주변에 기쁨이 전파되기를 원하는 깊은 갈망이 있다. 하나님은 우리에게 풍성한 기쁨과 넘치는 샬롬을 허락하셨다. 특히 이사야서 61장에서 보이는 하나님의 임재와 평안, 기쁨의 회복은 읽는 이들에게 경이로움을 준다. 어떤 면에서 기쁨은 내가 선택할 수 있는 것이라기보다는 나도 모르게 주어지는 반응이라고 할 수 있다. 사실 우리가 거저 받은 **기쁨 자체가 은혜요, 축복이다.**

인간은 태어나기 이전부터 **엄마와의 교제를 통해** 기쁨을 배운다. 어린 시절, 부모로부터 받은 기쁨은 한 인간이 평생 건강하게 살 수 있는 삶의 기초가 된다. 우리의 뇌 속에는 '기쁨의 샘'(조이 센터·Joy Center)이 있다. 이 샘에 기쁨이 가득 차게 되면 우리의 '감정 뇌'(포유뇌)는 차분해지고 안정되어 보다 더 활성화된다. 이사야서 61장은 주 여호와의 신이 임하실 때, 기쁨이 부족한 이 땅에 **참된 기쁨이 회복됨**을 알려주고 있다. 하나님의 임재야말로 이 땅을 사는 인간들로 하여금 기쁨과 평안을 경험하게 하는 결정적 요인이다.[17]

주 여호와의 영이 내게 내리셨으니 이는 여호와께서

내게 기름을 부으사 가난한 자에게 아름다운 소식을 전하게 하려 하심이라. 나를 보내사 마음이 상한 자를 고치며 포로 된 자에게 자유를, 갇힌 자에게 놓임을 선포하며 **여호와의 은혜의 해와 우리 하나님의 보복의 날을 선포하여** 모든 슬픈 자를 위로하되 (사 61:1~2)

너의 하나님 여호와가 너의 가운데에 계시니 그는 구원을 베푸실 전능자이시라. **그가 너로 말미암아 기쁨을 이기지 못하시며 너를 잠잠히 사랑하시며** 너로 말미암아 **즐거이 부르며 기뻐하시리라** 하리라. (습 3:17)

주께서 생명의 길로 내게 보이시리니 주의 앞에는
충만한 기쁨이 있고 주의 오른편에는
영원한 즐거움이 있나이다. (시 16:11)

내가 기쁨으로 그들에게 복을 주되 분명히 나의
마음과 정성을 다하여 이 땅에 심으리라. (렘 32:41)

내가 아버지의 계명을 지켜 그의 사랑 안에 거하는 것 같이
너희도 내 계명을 지키면 내 사랑 안에 거하리라.
내가 이것을 너희에게 이름은 **내 기쁨이 너희 안에 있어**
너희 기쁨을 충만하게 하려 함이라. (요 15:10~11)

하나님께서 주신 은혜의 선물이라고 할 수 있는 이 기쁨은 우리의 정체성에 영향을 미칠 뿐 아니라 고통이나 환경적인 어려움을 충분히 **이길 수 있는 힘의 원천이 된다.** 성령의 임재 가운데 경험되는 기쁨은 우리 삶을 긍정적으로 전환시키는 촉매제다. 그러므로 기쁨은 은혜라고 말할 수밖에 없다. 짐 와일더 박사를 비롯한 사역자들은 **"기쁨의 용량이 커지면 의학적으로는 치료되지 않는 심각한 트라우마까지도 극복할 수 있는 힘이 생긴다"** 고 말한다.

"기쁨은 한 인간이 태어날 때부터 지닌 본원적 요소로 정체성을 형성한다. 기쁨은 유대감의 기초이며 힘의 원천이다. 기쁨은 뇌 구조가 성장하는 것을 통해 발달된다. 따라서 온전한 기쁨을 누리기 위해서는 먼저 뇌 구조가 사랑의 관계 속에서 형성되고 성장되어야 한다. '기쁨의 유대'가 잘 형성되어 있는 인간은 고통에 부닥쳐도 참 자아를 지닌 존엄한 인간으로 행동할 수 있다. **뇌 구조의 기쁨의 강도에 따라 얼마나 외상에 붕괴되지 않고 견딜 수 있는 지가 결정된다.**" [18]

아침에 주의 인자하심이 우리를 만족하게 하사
우리를 **일생동안 즐겁고 기쁘게 하소서.** (시 90:14)

고난 받는 자는 그 날이 다 험악하나 **마음이 즐거운
자는 항상 잔치하느니라.** (잠 15:15)

내 형제들아 너희가 여러 가지 시험을 당하거든 **온전히
기쁘게 여기라.** 이는 너희 믿음의 시련이 인내를 만들어
내는 줄 너희가 앎이라. (약 1:2~3)

사랑의 하나님, 이미 저희 안에 주신 **기쁨**을 깨닫지 못하고
오히려 우울과 불안, 분노 속에 갇혀 지낼 때가 많았음을
고백합니다. 저를 침체시키는 우울과 불안으로부터
벗어날 수 있는 길이 주님 주신 기쁨을 느끼며, 표현하고,
나누는 것임을 알고, 그것을 **실천할 수 있도록** 도와 주십시오.
예수님의 이름으로 기도합니다. 아멘.

나누기

1. 위의 말씀 중에 내 마음에 가장 의미 있게 다가온 말씀을 나누어 봅시다.

2. 그 이유는 무엇입니까?

3. 쓰고 읽으면서 내 몸과 마음에 느껴지는 것은 무엇입니까?
   (변화가 있었다면 그것을 나누어 봅시다.)

4. 나에게 주시는 새로운 깨달음이 있다면 그것은 무엇입니까?
   (버려야 할 것들과 새롭게 가져야 할 것들을 자신의 말로 써 봅시다.)

5. 변화와 성장을 위해, 계속 쓰고 묵상하고 싶은 말씀을 나누어 봅시다.

기쁨은 하나님과의 교제 안에서 풍성해진다

'우리 자신이 지닌 기쁨의 양은 얼마나 될까'를 생각해 본다. 개인마다 다르긴 하지만 사람은 태어나면서부터, 이미 그 이전부터도 부모와 주고받는 '기쁨의 관계'를 갖고 있다. 그러나 성장 과정에서 이 기쁨의 관계를 잘 공유하지 못한 채, 상처 가운데 어려운 삶을 살고 있는 경우가 많다. 이때 우리에게 가장 필요한 것이 기쁨이다. 주님은 우리가 기쁨으로 충만케 되는 것이 자신의 가르침의 이유라고도 말씀하셨다(요 15:11). 우리가 주님의 초대에 응해 **그분과 함께 하고, 그분의 마음으로 기뻐할 때**, 진정한 기쁨은 증가하게 된다. 마음의 공허와 외로움을 몰아내는 이 기쁨은 주님과의 교제 안에 있을 때 더욱 풍성해 진다. 아래의 말씀은 우리가 하나님께 듣고 들을 때, 즉 그를 청종할 때, 기쁨이 증폭됨을 언급하고 있다.

> 너희가 어찌하여 양식 아닌 것을 위하여 은을 달아 주며 배부르게 하지 못할 것을 위하여 수고하느냐. **내게 듣고 들을지어다.** 그리하면 너희가 좋은 것을 먹을 것이며 **너희 자신들이 기름진 것으로 즐거움을 얻으리라.** (사 55:2)

너희는 기쁨으로 나아가며 평안히 인도함을 받을 것이요
산들과 언덕들이 너희 앞에서 노래를 발하고 들의
모든 나무가 손뼉을 칠 것이며 (사 55:12)

내가 이것을 너희에게 이름은 **내 기쁨이 너희 안에 있어**
너희 기쁨을 충만하게 하려 함이라. 내 계명은 곧 내가 너희를
사랑한 것 같이 너희도 서로 사랑하라 하는 이것 이니라. (요 15:11)

데살로니가전서 5장 16절의 "항상 기뻐하라"와 바로 연결된 말씀은 "쉬지

말고 기도하라"이다. 이 말씀도 **끊임없는 주님과의 교제를 통해서** 우리는 기쁨을 창출하고 누릴 수 있다는 사실을 알려주고 있다. 성경은 기쁨의 정체성을 회복시킬 수 있는 최대의 잠재력을 가진 텍스트이지만, 역사 속에서 기독교인들은 그 일을 잘 해내지 못했다. 주님께서는 우리와 **풍성한 기쁨으로 교류하기를 원하신다.** 또한 우리가 하나님의 기쁨을 널리 전하기를 바라신다. 성경은 하나님과의 **끊임없는 교류를 통해** 우리가 누릴 수 있는 것이 기쁨과 샬롬이라는 것을 누누이 강조하고 있다. 아래의 말씀에서 알 수 있듯이 그분과의 사귐을 통해 얻는 것은 **충만한 기쁨**이다. 성경의 훌륭한 인물들은 심각하고 험난한 상황에서도 하나님과 교제하며 기쁨을 얻었고, 그 풍성함을 누릴 줄 알았다. 다윗과 요셉, 사도 바울이 그랬다.

> 우리가 보고 들은 바를 너희에게도 전함은 너희로 **우리와 사귐이 있게 하려 함이니 우리의 사귐은 아버지와 그의 아들 예수 그리스도와 더불어 누림이라.** 우리가 이것을 씀은 우리의 **기쁨이 충만하게 하려** 함이니라. (요일 1:3~4)

지금까지는 너희가 내 이름으로 아무 것도 구하지 아니하였으나 구하라 그리하면 받으리니 **너희 기쁨이 충만하리라.** 이것을 너희에게 이르는 것은 너희로 **내 안에서 평안을 누리게 하려** 함이라. 세상에서는 너희가 환난을 당하나 담대하라. 내가 세상을 이기었노라. (요 16:24, 33)

지금은 너희가 근심하나 내가 다시 너희를 보리니 **너희 마음이 기쁠 것이요** 너희 기쁨을 빼앗을 자가 없으리라. (요 16:22)

너희 안에 행하시는 이는 하나님이시니 자기의 **기쁘신 뜻을 위하여 너희로 소원을 두고** 행하게 하시나니 모든 일을 원망과 시비가 없이 하라. (빌 2:13~14)

사랑과 기쁨의 하나님,
매일의 삶에서 **기쁨을 찾는 것이** 얼마나 어려운 일
인지를 고백합니다. 지속적인 기도 없이는 주신 기쁨도
빼앗기고, 외로움과 우울, 심란함 속에 빠져드는 제 자신을
발견합니다. **늘 기도와 감사를 쉬지 않으며 기쁨을 회복**
할 수 있도록 도와주시길 원합니다. 기쁨과 감사가 더욱
차고 넘쳐 습관이 되도록 인도해주시기를 기도합니다.

기쁨은 하나님 나라를 누리는 삶의 양식이다

성경에서 말씀하시는 대로 우리의 사고가 바뀌기 시작하면, 우리는 새사람이 될 뿐 아니라 안목이 바뀌어 **'예수님의 시각'으로 사물을 바라보며 해석하게** 된다. 곧 예수님이 살아가셨던 방식에 눈을 뜨며, 그분 따르기를 사모하고, 주님처럼 살고 싶어진다. 그렇게 되면 우리 삶의 전반적인 양식인 대인관계나 자녀양육, 일상생활, 업무수행, 취미생활에까지도 변화가 생기게 된다. 사람마다 걸리는 시간은 다르지만 하나님의 관점과 임재 안에 있을 때 경험되어지는 기쁨이 **우리의 삶을 샬롬으로 인도한다**. 우리는 '삶이 십자가와 고난의 길'이라는 것을 잘 알고 있다. 그와 동시에 믿음이 자라면서 모든 환경과 처한 상황을 견디고 이기는 힘도 말씀을 통해 얻을 수 있음을 알아가고 있다. 하나님이 우리에게 허락하신 기쁨과 감사를 간과한 채, 나날을 고통과 근심으로 살아가는 것은 결코 주님의 뜻이 아니다. 어려움과 고난 속에서도 주님이 주신 말씀과 기도를 붙잡고 나아갈 때, **환경을 뛰어넘는 기쁨과 감사**를 경험하게 된다.

의인은 기뻐하여 하나님 앞에서 뛰놀며 **기뻐하고**

즐거워할지어다. (시 68:3)

사람들이 사는 동안에 기뻐하며 선을 행하는 것보다 더 나은 것이 없는 줄을 내가 알았고 사람마다 먹고 마시는 것과 **수고함으로 낙을 누리는 그것이** 하나님의 선물인 줄도 또한 알았도다. (전 3:12~13)

항상 기뻐하라. 쉬지 말고 기도하라. 범사에 감사하라. 이것이 그리스도 예수 안에서 **너희를** 향하신 하나님의 뜻이니라. (살전 5:16~18)

> 내가 곧 그들을 나의 성산으로 인도하여 기도하는 내 집에서
> 그들을 **기쁘게 할 것이며** 그들의 번제와 희생을 나의 제단에서
> 기꺼이 받게 되리니 이는 내 집은 만민이 기도하는 집이라
> 일컬음이 될 것임이라. (사 56:7)

 참된 성숙이란 우리의 감정과 생각, 그리고 관계까지를 포함하고 있다. 뇌의 변화에서도 알 수 있듯이 기쁨과 감사가 생기면 뇌는 최적의 상태가 되며, 몸과 마음은 최고의 기량을 발휘하게 된다. 하나님이 **우리에게 주신 기쁨을 인식하며 주고받을 때**, 우리의 관계는 달라지며 우리가 겪는 고통과 슬픔을 끝내 이기게 된다. 곧 **이 땅에서도 하나님 나라를 누리게 되는 것**이다. 매일의 삶에서 말씀을 힘입어 '주님의 시각'으로 환경이나 사물을 바라보고 해석하며, **기쁨을 나누고 평안을 소유하는 것**은 우리 삶의 양식을 변화시킨다. 그럴 때, 다윗이 시편에서 시적으로 고백한 것을 우리도 동일하게 깨닫게 된다. "내가 사망의 음침한 골짜기로 다닐지라도 해를 두려워하지 않을 것은 주께서 나와 함께 하심이라" (시 23:4)
 '주님이 주신 시각'이 약할 때, 우리는 고통과 상처에서 벗어나지 못하며 근

심과 혼란, 두려움을 경험할 수밖에 없다. 그러나 언제나 나와 함께하시는 주님을 인식하며 말씀으로 주님의 시각을 회복해 가면 "모든 것이 합력하여 선을 이룬다"는 사실을 기억하며 **기쁨과 평안을 되찾게 된다.**

내가 내 자녀들이 **진리 안에서 행한다** 함을 듣는 것보다
더 기쁜 일이 없도다. (요삼 1:4)

내 속에 근심이 많을 때에 주의 위안이 **내 영혼을 즐겁게**
하시나이다. (시 94:19)

내가 진실로 진실로 너희에게 이르노니 … 너희는 근심하겠으나
너희 근심이 도리어 **기쁨이 되리라.**
지금은 너희가 근심하나 내가 다시 너희를 보리니 **너희 마음이**
기쁠 것이요 너희 기쁨을 빼앗을 자가 없으리라. (요 16:20, 22)

사랑의 아버지,

기쁨과 감사를 누리는 것이 확실히 우리 삶의 양식이 될 수 있도록
우리들의 시각을 넓혀 주시옵소서. 그러기 위해서 말씀과 기도에
더 많은 시간을 드리고 주님의 말씀에 늘 순종하게 하옵소서.
당신이 주신 기쁨을 외면하고 근심과 걱정으로 살아가는 삶의 패턴을
확실하게 버리고 기도와 감사로 기쁨을 찾아 누리게 하소서.
예수님의 이름으로 기도합니다. 아멘.

누군가에게 나의 기쁨을 전달 할 수 있는 이야기를 만들어 써 봅시다.

나누기

1. 위의 말씀 중에 내 마음에 가장 의미 있게 다가온 말씀을 나누어 봅시다.

2. 그 이유는 무엇입니까?

3. 쓰고 읽으면서 내 몸과 마음에 느껴지는 것은 무엇입니까?

 (변화가 있었다면 그것을 나누어 봅시다.)

4. 나에게 주시는 새로운 깨달음이 있다면 그것은 무엇입니까?

 (버려야 할 것들과 새롭게 가져야 할 것들을 자신의 말로 써 봅시다.)

5. 변화와 성장을 위해, 계속 쓰고 묵상하고 싶은 말씀을 나누어 봅시다

주(註)

1. 짐 와일더 외, 《기쁨은 여기에서 시작된다》, 두란노, 207쪽
2. 오경숙, 《친밀함의 회복》, 쿰란출판사, 60쪽
3. Charies Stanley, 《The Source of My Strength》, Thomas Nelson, 41쪽
4. 노만 라이트, 《당신의 과거와 화해하라》, 죠이선교회, 91쪽
5. 윌리엄 바커스, 《부정적 감정을 치유하는 자기고백》, 예찬사, 266쪽
6. 에드워드 T 웰치, 《수치심 성경적 내적치유》, 그리심, 240쪽
7. 오경숙, 《쓰기치유》, 국민북스, 268쪽
8. 데일 라이언, 《말씀힐링 100일》, 두란노, 183쪽
9. 윌리엄 바커스, 《부정적 감정을 치유하는 자기고백》, 예찬사, 237쪽
10. 찰스 스탠리, 《상한 감정 클리닉-혼돈된 마음에서의 자유》, 요단출판사
11. 오경숙, 《친밀함의 회복》, 쿰란출판사, 102쪽
12. 데이비드 시맨즈, 《상한 감정과 억압된 기억의 치유》, 죠이선교회, 153쪽
13. 딕 티비츠, 《용서의 기술》, 알마, 136쪽
14. 존 브래드 쇼, 《상처받은 내면아이 치유》, 학지사
15. 데이비드 시맨즈, 《상한 감정과 억압된 기억의 치유》, 죠이선교회, 53쪽
16. 짐 와일더 외, 《기쁨은 여기에서 시작된다》, 두란노, 35쪽
17. 짐 와일더 외, 《기쁨은 여기에서 시작된다》, 두란노, 26쪽
18. 짐 와일더 외, 《기쁨은 여기에서 시작된다》, 두란노, 306쪽

말씀으로 쓰기치유

초판 1쇄   2019년 2월 13일

지 은 이 _ 오경숙 • 조병민
펴 낸 이 _ 이태형
펴 낸 곳 _ 국민북스
디 자 인 _ 서재형

등록번호 _ 제406-2015-000064호
등록일자 _ 2015년 4월 30일

주   소 _ 경기도 파주시 와석순환로 307, 1106-601 우편번호 10892
전   화 _ 031-943-0701
팩   스 _ 031-942-0701
이 메 일 _ kirok21@naver.com
ISBN 979-11-88125-14-2(03230)